시리아 교부들의 영성

수정 개역판

시리아 교부들의 영성
The Syriac Fathers on the Spiritual Life

ⓒ2003년 은성출판사
초판발행 : 1993년 10월 20일
재판발행 : 2003년 12월 18일
편역 : 세바스티안 브로크
번역 : 이형호
발행처 : 도서출판 은성
등록 : 1974년 12월 9일 제9-66호
주소 : 서울시 동작구 상도5동 126-60
전화 : (02) 824-8000
팩스 : (02) 813-9072

출판 및 판매에 관한 모든 권한은 본 출판사가 소유하고 있습니다.
출판사의 사전 서면 허락없이 상업적인 목적으로 번역,
재 제작, 인용, 촬영, 녹음 등을 할 수 없음을 알려드립니다.

ISBN 89-7236-322-7 33230
Printed in Korea

The Syriac Fathers on the Spiritual Life

수정 개역판

시리아 교부들의 영성

세바스티안 브로크 편역
이형호 옮김

목차

약어표	9
머리말	11
개론	13
제1장 아프라하트	41
제2장 에프렘	65
제3장 단계의 책	77
제4장 에바그리우스	97
제5장 아파메아의 요한	109
제6장 마북의 필록세누스	131
제7장 바바이	163
주	193
참고문헌	201

약어표

COCS	Corpus Scriptorum Christianorum Orientalium (Louvain)
DSpir	*Dictionnaire de Spiritualité* (Paris)
OCA	*Orientalia Christiana Analecta* (Rome)
OCP	*Orientalia Christiana Periodica* (Rome)
PG	Patrologia Graeca (Paris)
Philokalia	G. E. H. Palmer, P. Sherrard, K. Ward edd., *The Philokalia*, I (London, 1979).
PO	Patrologia Orientalis (Paris/Turnhout)
RAM	*Revue d'Ascétique et de Mystique* (Toulouse)

머리말

 이 책은 주로 기도라는 주제에 관한 시리아 저술가들의 글을 발췌한 것으로서, 거의 알려져 있지 않은 동방의 기독교 영성을 보다 많은 사람들에게 소개하기 위한 것이다. 이 책에 수록된 본문들 중 다수는 지금까지 영어로 번역된 것이 없었던 것들이다. 원래 시리아어로 기록된 본문들 중 몇 편이 영어로 번역되었지만 아직 출판된 적은 없었다. 이 전통에 친숙하지 않는 독자들을 위해서, 개론에서 이 전통에 대해 간단히 소개하려 한다. 각각의 저자들에 대한 보충 정보가 각 장의 서론에 제공될 것이다.
 이 분야에 대해 자세히 탐구하기를 원하는 사람들은 참고문헌에서 도움을 발견할 수 있을 것이다. 번역문의 각 항목에 표시된 숫자는 시리아어 원본을 편집한 사람들이 첨가한 것이다.
 이 책을 번역하는 동안 여러 가지로 격려해주고, 원고를 입력해 준 마르타 리브즈(Martha Reeves) 수녀에게 감사를 표한다.

S. P. B

개론

동방 기독교: 잊혀진 전통

　많은 안내서들을 통해 친숙해진 방식을 따르면, 기독교 전통은 라틴어를 사용하는 서 로마제국의 교회(Latin West)와 그리스어를 사용하는 동로마제국의 교회(Greek East)로 나뉜다. 그러나 이러한 이분법은 우리에게 친숙한 두 개의 흐름과는 아주 다른 또 하나의 중요한 기독교 전통을 이루는 동방교회(Oriental Churches)들의 존재를 완전히 간과하므로, 불행한 것이며 부적절한 구분이다. 시리아의 전례 전통을 따르는 동방교회는 기독교를 배출한 셈족 세계의 대표자요 후계자임을 자랑한다고 말할 수 있다. 오늘날도 그들이 예수께서 사용하셨던 아람어 방언인 고대 시리아어를 전례 용어로 사용하고 있다는 것은 그들의 자랑거리가 될 수 있다. 오늘날 시리아 교회에서 사용되는 주님의 기도는 1세기에 예수께서 갈릴리 지방의 아람어로 표현하셨을 문장들과 크게 다르지 않다. 고대 시리아어(시리아 기독교가 탄생한 지역인 에뎃사 지방의 아람어 방언)과 갈릴리 지방의 아람어는 서로 소통이 되었을 것이다.

시리아 교회도 라틴 교회와 마찬가지로 그리스어를 사용하는 교회의 강력한 영향을 받았지만, 시리아 교회의 가장 초기의 문헌은 그 교회가 성장해 나온 세계인 셈족 세계의 특징적인 방법으로 표현되어 있다. 이러한 초기 시리아 기독교를 대표자인 니시비스의 에프렘(St Ephrem of Nisbis, c. 306-373)의 저술에서는 신학의 도구로서 산문보다는 시가 탁월한 위치를 차지한다. 그리고 산문으로 된 분석과 정의보다는 역설과 상징을 사용한 시로 표현되어 있는 그의 심오한 신학적 이상은 오늘날도 가치가 있다. 더욱이, 아시아와 아프리카와 남아메리카 등지의 교회들이 북아메리카 선교사들이나 유럽을 통해서 받아들인 기독교가 초래한 유럽의 문화적인 인습을 떨쳐버리려 하는 현대 세계에서, 아직까지도 헬라화되지 않은(다시 말해서 유럽화되거나 서구화되지 않은) 셈족계 기독교의 유일한 대표자인 초기 시리아 기독교가 새로이 관계를 나타낸다. 우리는 고대 시리아 전통 안에서 아직 그리스의 철학 전통의 영향을 받지 않은 신학적 표현을 소유한 기독교, 그러면서도 이 교회들의 문화적 배경으로 이어지는 사고 방식을 채택하는 기독교와 마주친다.

이러한 관점에서 보면, 가장 초기의 시리아 저술가들 중 신학자요 시인인 에프렘이 매우 중요하다. 왜냐하면 5세기 이후로, 시리아 전통은 그리스의 사고 방식과 표현 방식의 영향을 크게 받았기 때문이다. 이처럼 그리스 문화를 사랑하는 과정은 17세기에 절정에 달하여, 특정의 시리아어 본문이 시리아어로 저술된 것인지, 아니면 그리스어로부터 직역한 것인지 구분하기 어렵게 되었다. 얄궂게도, 이 시기에 아랍의 침입으로 말미암아 시리아 교회들은 이제까지 속해 있던 비잔틴 세계와 실질적으로 단절되었다. 그후 수세기 동안 시리아 교회의 신학자들은 6세기와 7세기 초에 헬라 세계로부터 물려받은 스콜라 신학을 체계화했다(보에티우스가 포피리의 *Eisagoge*를 라틴어로 번역한 것과 거의 같은 시기에 그 책은 시리아어로 번역되었다). 특히 토마스 아퀴나스(Thomas Aquinas)와 거의 동시대 사람인 시리아 정교회의 학자 바르헤브라에우스(Barhebraeus)는 아리스토텔레스의 전통에 기초를 두고서 그 나름의 『신학대전』을 편찬했다.

그러므로 시리아 기독교는 반대 되는 두 가지 요소로 이루어져 있다. 편의상 그것을 셈적 요소와 헬레니즘적 요소라고 칭할 수 있다. 물론 이 둘 사이에는 연속성이 있다. 물론 셈적 요소의 증인인 에프렘은 헬라 사고의 영향을 받았지만, 그 영향은 표면적인 것에 불과하며 사고 형태와 표현 양식 등 깊은 구조에는 영향을 미치지 못했다.

시리아 교회

교회사와 교리사에 대한 많은 표준적인 저서에서 동방교회의 전통이 무시된 한 가지 이유는, 이 전통에 속한 많은 교회들이 5, 6세기에 있었던 기독론 논쟁의 결과로서 교회의 주류인 그레코-라틴 세계의 교회로부터 분리되었기 때문이다. 특히 칼케돈 공의회(451년)에서 제안된 교리적인 틀은 장애물이 되었다. 성육하신 그리스도가 "두 개의 본성"을 가진 한 위격이라는 주장은 논리적으로 불가능할 뿐만 아니라, 성육신의 완전한 실체를 부인하는 것처럼 보였기 때문에 위험한 이단처럼 여겨졌다. 계속되는 열띤 논쟁에서 관련된 여러 당파들은 한 걸음 물러서서 그들의 문자적으로 상충되는 정의들이 상이한 개념 모델을 사용하는 것 및 논란이 되는 핵심적 용어에 대한 상이한 이해에서 기인하는 것인지의 여부를 고찰하려 하지 않았다. 그로 말미암아 6, 7세기에 근동지방에 칼케돈 공의회의 결정을 지지하는 성직자들과 그렇지 않은 성직자들이 출현했다.

오늘날 동방정교회(Oriental Orthodox Churches)[1]라고 알려진 비 칼케돈 파 교회는 알렉산드리아의 키릴의 알렉산드리아 기독론 전통에 속해 있다. 시리아 정교회[2]도 그 중 하나이다. 기독론에 관해 완전히 다른 견해를 지닌 시리아 기독교의 중요한 대표자는 동로마 제국의 교회(Church of East)이다. 이 교회의 중심은 로마 제국 밖, 동쪽으로는 페르시아 제국에 두고 있었으므로, 몹수에스티아의 테오도르(Theodore of Mopsuestia)가 대표하는 안디옥의 신학적 전통이 정통 신앙의 표준을 이루었다.[3] 5, 6세기에 이미 로마 제국의 국경 너머에 독립된 총대주교를 두고 있었던 동로마 제국의 교회는 로마 제국 내에서 발생하고 있는 신학적인 발달과 점점 더 멀어짐을 느꼈다. 그들의 입장에서 보면, 에큐메니칼 공의회는 로마 제국 내의 일에 불과했다. 그들은 에베소 공의회(431년)는 인정하지 않았고, 칼케돈 공의회는 431년부터 451년 사이에 발생한 재난을 부분적으로 치료한 회의로 간주했다. 그들은 제5차 콘스탄티노플 공의회(553년)는 완전히 퇴보한 회의로 여겼다.

현존하는 5세기 중엽 이후에 배출된 거의 모든 시리아어 문헌은 이 두 교회에 속한 것들이다. 그러나 보다 완전함을 기하기 위해서 시리아 기독교를 대표하는 두 개의 교회를 언급해야 한다. 그 두 교회는 마론 파(Maronite)와 멜카이트 파(Melkite)로서 칼케돈의 신학 전통에 속해 있다.[4] 이 두 교회는 시리아 기독교에 뿌리를 두고 있으며, 7세기에 있었던 단성론 논쟁의 결과로서 독립된 교회로 출현했다. 멜카이트 교회는 전례 언어를 시리아어에서 아랍어로, 그리고 중세에는 의식을 안디옥 식에서 콘스탄틴노플 식으로 변경한 데 비해, 마론 교회는 20세기에 이르기까지 계속 시리아어를 전례 언어로 사용해왔다. 물론 현재 중동 지방에서는 아랍어로, 그리고 디아스포라에서는 영어로 대치되었지만, 전례 자체는 고대 시리아 기독교의 특징인 고풍스러운 면모를 유지하고 있다.[5]

따라서, 시리아 교회의 전통은 몇 가지 상이한 동양 교회들의 유산이며, 오늘날 세상에서 이 교회들이 발견되는 모든 곳 이 전통이 반영되어 있다. 오늘날 이것은 중동에서 뿐만 아니라, 시리아 기독교와의 관계가 초기까지 거슬러 올라가는 남부 인도에서도 마찬가지이며, 금세기에는 유럽과 미국, 그리고 오스트레일리아에서 성장한 거대한 디아스포라 사이에서도 동일하다.

본서에서 다루고 있는 기도와 영성 생활에 대한 내용은 초기 매우 뛰어난 시리아 작가들로부터 발췌한 것이다. 그들은 연대적으로 4세기로부터(1장과 2장) 8세기까지(14장과 15장)의 인물들이며, 지리적으로는 지금의 북시리아, 터키 동남부, 그리고 북이라크에 해당하는 지역에서 활동한 사람들이다. 1장에서 5장까지의 내용은 5세기에 있었던 기독론 논쟁을 다루었고, 나머지 부분은 시리아 정교회 작가들과 동방교회 작가들의 것을 발췌했다.

시리아 문학

어떻게 이러한 저서들이 시리아 문학 역사 속에서 그 명맥을 유지할 수 있었는가? 시리아어는 거의 2천 년 동안 문학 언어로 사용되었고, 제한적이지만 특정 지역에서 오늘날까지도 자랑스럽게 사용되고 있다. 그러나 무엇보다도 이 기간을 지나서 3세기로부터 14세기까지 약 천 년 동안은 시리아어가 신학뿐 아니라 문학, 역사, 철학, 의학, 그리고 과학 서적의 언어로도 사용되었다. 시리아 문학이 하나의 세속 문학으로 계속 되었지만 옛 시리아 문학을 전수받은 학파들의 덕택으로 우리에게 전해진 대부분의 것들은 넓은 의미로 볼 때 그 성격상 기독교적이라고 말할 수 있다. 시리아 문학의 황금 시기는 7세기부터라고 볼 수 있으며, 이 책에 번역된 모든 자료는 이 시기의 저서들로부터 발췌한 것이다.

4세기를 제외하면 시리아 초기 문학이 거의 남아 있지 않지만 이러한 초기 문학 중에는 복음서의 옛 시리아 역, 아름답지만 신비로운 『솔로몬의 송가』(*Odes of Solomon*), 그리고 『도마 행전』(*Acts of Thomas*)이 있다.[6] 4세기로부터 우리는 매우 중요한 두 사람을 만나게 되는데 그들은 아프라하트(Aphrahat)와 에프렘이며, 이들은 제1장과 제2장에 소개되어 있다. 400년 이전의 문학은 시리아 기독교내에서 셈족적인 경향을 가장 잘 증명해 준다. 그러므로 우리는 교부 시대 때 확실히 최고의 시인으로 인정하는 에프렘의 산문과 시 등 폭넓은 작품을 가지고 있다는 점에서 다행스럽게 생각한다.

5세기와 6세기에 훌륭한 저술, 그리고 그리스어로부터 시리아어로의 번역을 통해서 위대한 문학 활동이 진행되었다. 이 기간의 초기인 대략 400년부터 시리아 문학의 기념비적인 첫번째 사건이 일어났는데, 그것은 3장에 소개된 『Liber Graduum』 혹은 『단계의 책』(Book of Steps [Ascents])등 시리아 문학이 영성 생활에 집중적인 관심을 기울이게 되었다는 점이다. 아프라하트처럼, 작가는 당시 페르시아 제국이었지만 지금은 이라크 지역인 곳에서 저술했는데, 그 곳은 로마 제국의 변방 너머에 있었다. 키루스(Cyrrhus)의 데오도렛(Theodoret)과 동시대 인물이었던 아파메아의 요한(John of Apamea)은 시리아 작가로서 저작 활동을 시작한 지 수십 년 후 진정한 그의 능력이 나타나기 시작했다(제5장). 요한과 데오도렛은 시리아에 속해 있었으며, 아마 그리스어와 시리아어를 둘 다 사용했던 것 같다. 그러나 요한이 시리아어로 글을 쓰고 있는 동안 데오도렛은 그리스어로 그리스의 수사학적 전통을 따라 글을 썼기 때문에 그들은 이따금 서로 다른 두 세계에 속해 있는 것 같은 인상을 준다. 특히 데오도렛이 『역사 종교』(Historia Riligiosa)[7]라는 자신의 저서에서 기술한 독특한 시리아인의 금욕 생활은 요한이 저술을 통해 옹호한 금욕 공동체로부터 벗어난 것으로 매우 지리해 보인다.

  5세기의 시리아 문학의 대부분은 익명으로 이루어졌다. 이러한 일은 무엇보다도 많은 성인 전기와 순교자 문헌에서 나타나기 시작했는데, 이러한 저서들 중 일부는 매우 인기가 있어서 그리스어로 번역되었다. 여기에 속하는 것 중 예를 든다면, 중세 후기 서구에서 많은 인기를 끌었던 『하나님의 사람』(Man of God)[8]이라는 전기를 들 수 있는데, 이 저서는 전형적인 시리아 형식이다. 5세기 말에 두 명의 중요한 시인이 있었는데, 그들은 동방교회의 나르사이

(Narsai)와 시리아 정교회에 속한 서룩의 야곱(Jacob of Serugh)이다(야곱은 6세기까지 살았으며 521년에 사망했다.). 이들은 대개 성경적이거나 예전적인 주제[9]로 많은 설교집을 저술했다. 두 사람 중 보다 훌륭한 시인인 야곱의 글에서 인용된 긴 글은 8장에 번역된 익명의 글과 혼합되어 있다. 야곱은 교리 논쟁을 매우 못마땅하게 생각했으며, 자신의 편지에서 자신의 주장을 표현했다. 그는 교리 논쟁에 있어서 자신의 위치 때문에 중압감을 느끼고 있었다. 이러한 점에 있어서 그는 제6장에 소개된 그와 동시대 인물인 마북의 필록세누스(Philoxenus Mabbug : 523년 사망)와 분명한 대조를 이루었다. 필록세누스는 칼케돈 회의에서 주장된 믿음의 정의를 거부했던 사람들의 주요 대변인 역할을 했다. 그리스어로 글을 쓴 것 외에는 시리아 정교회의 신학적 입장을 지지했던 안디옥의 세베루스(Severus of Antioch)와는 달리 필록세누스는 단순히 알렉산드리아의 키릴(Cyril)의 기독론을 진전시키거나 정교화하지 않았다. 그 대신 그는 여러 방면에서 자신이 매우 독창적인 신학자임을 입증했으며, 자신의 저서에서 그리스 전통과 시리아 전통에서 발췌한 요소들을 훌륭하게 결합했다.

6세기 후반에 가장 유명했던 시리아 정교회의 저술가는 에베소(Ephesus)의 요한이었다. 그는 『교회사』(Ecclesiastical History)와 『동방 성인들의 삶』(The Lives Of the Eastern Saints)의 저자인데, 이 책은 아미드(Amid: 남부의 디마르베크르)에서 그의 토착 종교를 믿고 있던 거룩한 남자와 거룩한 여자들의 삶을 개괄적으로 소개한 책이다.[10] 이 기간에 많은 익명의 책들이 쓰여졌는데, 아마도 이 책 2권에 수록된 기도에 관한 두 개의 단편이 여기에 속할 것이다. 이 중에 두번째 것이 초기 저서들 중에서는 보다 나은 저서이다.

   5-6세기에 많은 그리스 교부들의 저서들이 의해서 시리아어로 번역되었다. 이러한 저서들 중에는 『안토니의 생애』(*Life Of Antony*), 팔라디우스의 *Lausiac History, The Historia Monachorum*은 아이러니칼하게도 이것은 루피누스보다는 제롬의 것으로 알려져 있다. 그리고 *Apophthegmata*[11]의 여러 저서들과 같은 초기 이집트 수도원 운동에 관한 폭넓은 문헌이 포함되어 있다. 특히 시리아어로 번역하는 데 있어서 많은 영향을 미친 그리스의 작가는 폰투스의 에바그리우스(Evagrius)[12]였다. 533년의 제5차 공의회에서 그의 저서들이 정죄됨으로 인해 그의 많은 저서들은 시리아 역과 아르메니아 역으로만 남게 되었다. 에바그리우스는 후일 시리아의 수도원 작가들로부터 영적 권위자로서 매우 추앙을 받았는데, 이런 이유 때문에 단지 시리아어로만 남아 있는 원문(제4장)을 현재의 전집물에 포함시키는 것을 인정해 온 것 같다. 이 특별한 글을 실제로는 시리아의 작가인 나트파르의 아브라함(Abraham of Nathpar)의 것으로 간주했다는 점에서 어느 정도 이러한 과정의 정당성을 발견할 수 있다.

   나트파르의 아브라함은 6세기에 동방교회에서 일어난 수도원 운동의 부흥기에 얻은 시대적인 인물이다. 이러한 운동은 이즈라(Izla) 언덕에 수도원을 갖고 있던 카쉬카르(Kashkar)의 아브라함의 개혁으로부터 시작하여 지금도 있는 니시비스(Nisibis)의 동북쪽으로 파급되었다. 대략 6-7세기에 활발하게 활동했던 나트파르의 아브라함은 영성 생활에 대한 많은 논문을 썼는데, 그것들은 대부분은 출판되지 않았다. 그 중 몇몇 논문은 옛날 자료들을 답습하고 있는 것들보다는 분명히 나으며, 이러한 평가는 제2권에 그의 이름으로 수록된 글에도 똑같이 적용된다. 이 글은 본래 아파메아의 요한이 쓴 단편을 약간 개작했다.

확실하지는 않지만, 카쉬카(Kashkar)의 아브라함이 개혁을 일으키기 전에 시리아쿠스(Cyriacus)에 보낸 바바이(Babai)의 편지를 썼을 것이다. 이 저서는 분명히 동방교회의 본거지인 페르시아 제국 내에서 그 빛을 발했지만, 시리아 정교회의 사본을 통해서만 전해지고 있다. 이 저서의 저자는 시리아 정교회가 인정하는 동방교회 가톨릭 총대주교인 순교자 바보웨이(Baboway)라고 확인되었다. 만일 이것이 맞다면, 이 원문은 바보웨이가 순교한 484년 이전의 내용일 것이다. 그러나 그 다음 세기의 것일 가능성도 많다.

반면에 6-8세기에 시리아 정교회의 수도원 작가들은 동방교회의 전통 안에 있는 영성 생활에 대해 많은 저서의 번역과 학문 연구에 몰두한 것으로 보인다(이들 중에 유명한 사람으로는 에데사의 야곱으로서 708년에 사망했다). 이러한 작가들 중 가장 잘 알려진 작가인 시리아의 성 이삭(St. Isaac)이 린디스파른의 성 쿠드버트(St. Cuthbert of Lindisfarne)와 동시대의 인물이라는 사실을 기억하는 것은 흥미로운 일이다. 이들 중에는 기독교계의 두 양극에서 생활하면서도 은둔적 생활에 대해 훌륭하게 증언한 두 명의 저명한 두 명의 증인이 있다.

이들 동방교회의 수도원 작가들은 그들 보다 먼저 활동한 시리아 작가들(특히 아파메아의 요한)과 5-6세기에 시리아어로 번역된 그리스의 수도원 문학(일반적으로 시리안 정교회 수사들에 의해 번역되었다)에 의존했다. 즉 에바그리우스, 마카리우스의 설교, 교부 이사야의 Ascesticon, 디오니시우스의 문집, 은둔자 마크, 나이루스(Nilus) 등은 특히 그들에게 많은 영향을 주었다. 이들 중 몇명은 몹수에스티아의 테오도르(Theodore)가 쓴 『완전에 대하여』(*On perfection*)라는 책을 인용했다.

『온전함의 책』(*Book of perfection*)을 쓴 마르티리우스(Martyrius: 시리아어 *Shadona*의 그리스어 역본)는 7세기 초의 인물이다. 그는 완강한 신학자들의 대립으로 말미암은 희생자로서, 동방교회의 교리적 공식화를 강력하게 지지하지 않았다는 이유로 감독직을 박탈당했다(그는 칼케돈파의 주장을 채택했다는 죄목으로 기소되었다). 그는 에뎃사 근처에 도피하였으며, 그곳에서 매우 열정적이며 명백하게 성경 지향적인 저서인 『온전함의 책』을 저술했다. 마르티리우스에게 크게 감명을 준 영적 조언자 중 한 사람이 여성이었다는 사실은 약간 흥미로운 일이다.[13] 동방교회 수도원 작가 중 가장 유명한 사람은 니느웨(Nineveh)의 이삭이다. 그는 또한 시리아의 이삭이라고도 했으며(7세 후반), 영성 생활의 다양한 면을 다룬 많은 단편을 저술했다. 본서 제2권에 번역된 내용은 그의 저서 중 웬싱크(Wensinck)가 번역하여 영어권 독자에게 알려진 '제1부'과 최근 발견된 '제2부'에서 인용한 것인데, 이 저서의 사본이 옥스포드에 완벽한 상태로 보관되어 있다. 이삭의 저서들이 유대 광야에 있는 성 사바(St. Saba) 그리스 정교 수도원의 2개 국어를 사용하는 수도사들의 관심을 끌게 된 것은 전적으로 팔레스틴에 거주하던 동방교회 수도 공동체[14]들의 덕택이었다. 그리하여 그곳에서 8세기 혹은 9세기에 이삭의 몇몇 저서들이 그리스어로 번역되었다.

이 책에서 다룬 동방 시리아의 수도원 전통을 대표하는 또 다른 사람은 이삭과 동시대 인물인 다디소(Dadisho)와 8세기 작가인 환상가 요셉(조로아스터교에서 개종한 인물)과 장로 요한이라고 알려진 달리아타(Dalyatha)의 요한이다. 이들의 몇몇 저서도 그리스어로 번역되었다.

7-8세기의 위대한 수도원 작가들의 저서는 시리아어로 된 문헌들을 통해 폭넓게 읽혔다. 예를 들어 이삭은 한때 자신을 '침묵 서원'[15]을 한 이교 철학자 세쿤두스(Secundus)의 전기에서 그 내용을 인용했다. 이들 작가들이 자신들의 아는 것을 산뜻하게 표현하는데 비해, 아랍 통치 기간에 활동한 대부분의 시리아 작가들은 현대 그리스와 아랍 저자들 사이에서 사용하고 있는 백과사전식 접근 방법을 따르고 있었다. 이러한 현상은 13세기에 이르러 시리아 정교회의 박식가인 바 헤브레우스(Bar Hebraeus: 1286에 사망)가 신학과 철학, 그리고 과학적 지식을 방대하게 정리함으로써 절정에 이르게 되었다. 그는 말년에 영성 생활에 대한 주제로 글을 쓰기 시작하여 두 권의 책을 저술했는데, 이 책은 지금도 시리아 정교회에서 영성 생활에 대한 소책자로 사용되고 있다. 그 중 한권은 『윤리』(*Ethicon*)인데 이 책은 평신도와 수도사 모두에게 기독교인의 생활 지침을 제시하는 내용이며, 다른 하나인 『성령의 책』(*Book of the Dove*)은 특별히 수도사를 위해서 저술된 책이다. 동방교회에서 신학개론에 견줄 수 있는 저서는 압디소(Abdisho: 1318년 사망)에 의해서 제작되었다.

13-14세기에 침략자인 몽골족은 처음에는 중동에 위치한 기독교 공동체에게 호의를 베풀었지만, 그들이 결국 이슬람교를 받아들임

으로 동방교회 역사에 황폐기가 시작되었고, 12-13세기 시리아 교회의 특성인 활발한 문학 활동이 갑자기 종료되었다. 그러나 시리아 문학 역사가 받은 영향과는 반대로 시리아어는 없어지지 않고 계속 사용되었으며, 산문과 시의 저술이 지금까지도 계속되고 있다. 그러나 대부분의 저서들이 원고로 남아 있으며 아직 발굴되지 못한 상태이다. 이렇게 방치된 저서 중에는 영성 생활에 대한 대작이 있을 것이며 우리는 아직도 이러한 저서가 발견되기를 기다리고 있다.[16]

시리아 교회 영성의 특징

위대한 시리아의 성인을 그리스 신학과 이집트 수도원 운동의 유명한 전통과 연결시키기 위해 성 에프렘의 전기를 쓴 저자는, 카파도기아의 성 바실(St. Basil)과 이집트의 성 비쇼이(St. Bishoi)를 방문했다는 식으로 두 개의 비역사적인 에피소드를 소개하고 있다. 후기 시리아 전통은 한층 더 깊어졌으며, 방랑 수도사 성 아우겐(St. Awgen)과 70명의 제자들이 수도생활을 시리아와 메소포타미아에 소개했다고 보며, 이러한 과정을 통하여 경건 생활에 대한 시리아의 전통은 이집트 양식의 감화를 받은 수도원 운동이 4세기 말과 5세기에 북쪽으로 시리아에 파급되었을 때 이미 존재하고 있었던 순수히 토착적인 것이었다는 인식을 제거했다. 이러한 토착 전통은 편의상 초기 수도원 운동이라고 할 수 있다. 5세기에 그 분명한 특징이 주요한 이집트인의 영감 전통에 흡수되었기 때문에 그 특징에 대한 연구를 주로 4세기 저술에 의존할 수밖에 없다.

시리아 초기 수도원 운동에 관한 가장 중요한 원문 중 하나는 아프라하트의 6번째 *Demonstration*인데, 그 제목은 『계약의 백성들에 관하여』(*On the bnay qyāmā*)이다.[17] '계약'(*qyāmā*)이라는 용어의 정확한 개념은 지금까지 많은 논란이 되어 왔는데 시리아어 구약 성경에서 동일한 단어를 찾는다면 *brīth*라고 할 수 있다. 이 말은 세례시에 행해지는 공식적인 협약, 약속 혹은 금욕적인 맹세로 이해된 것 같다. 남녀가 포함되는 계약의 백성은 큰 기독교 공동체 안에 있는 작고 친밀한 집단에서 헌신적인 생활을 했다. 아프라하트는 말하기를 그들은 두 부류의 사람들로 구성되어 있는데, 한 부류는 결혼하지 않은 상태로 순결을 지키는 자들이고, 또 한 부류는 유대 백성이 시내산에서 율법을 받을 때 "성결하게 하라"는(출 19: 10) 명령을 받았다는 것에 근거해서 결혼은 했지만 성결을 지킨 자들, 즉 다시 말하면 출애굽기 19: 15에서 알 수 있듯이 부부 관계를 자제했던 자들이었다고 한다.

아프라하트는 두번째 중요한 용어를 사용했는데, 그때 그는 *bnay qyāmā*를 *īḥīdāyā*로 언급했다. 이 단어에 해당하는 적절한 영어 단어는 없다. *īḥīdāyā*는 주로 단수, 개인, 유일함, 혹은 하나, 혹은 독생자(시리아어 성경에서는 *īḥīdāyā*를 *monogenés*로 번역했다(요 1: 14)[18]. 등 다양한 개념을 가진 단어이다. 아마도 시리아를 배경으로 하는 도마 복음에 등장하는 *monachos*는 *īḥīdāyā*라는 시리아 용어를 말하는 것 같다. 5세기 이후의 시리아 본문에서만 *īḥīdāyā*를 수도사를 뜻하는 그리스어 *monachos*와 대등한 용어로 사용하고 있다. 그러나 그후의 원문에서는 *dayrāyā* 라는 용어가 공동생활을 하는 수도사의 의미로 보다 빈번히 사용되었고, 반면에 *īḥīdāyā*는 격리,

은둔을 뜻하는 용어로 혼자서 다소 격리된 생활을 하는 수도사의 의미를 갖게 되었다.

   *īhīdāyā*가 시리아의 초기 수도원 전통에서는 그리스도는 물론 타락 이전의 아담[18]을 뜻하는 용어로 쓰였다는 사실을 이해하는 것은 중요한 일이다. 초기 시리아 기독교에서 첫째 아담과 둘째 아담의 유형론적인 비교는 매우 중요한 역할을 했다. 따라서 에프렘은 하나님의 말씀이 아담의 육체 위에 혹은 아담 위에 임했다며 다음과 같이 서술했다.

> 그는 아담을 입으시고, 아담 안에서 낙원에 들어감으로써 낙원
> 의 문을 여셨다.(*Hymms against the Heresies* XXVL 2).

   이러한 유형론적 비교의 중요성은 초기 시리아 교회에 주요한 유형 개념 중 하나인 세례를 천국에 들어가는 것으로 보았다는 사실을 회고해 볼 때 분명해진다.[19] 이러한 유형에 따라서 교회는 지상에서 기대하는 낙원으로서의 기능을 이상적으로 감당해야 했다. 둘째 아담과 이브는 첫째 아담과 이브가 가져왔던 타락의 회복을 가능하게 했다.

   여기서 우리가 원시적인 낙원, 종말론적 낙원의 상태로의 귀환만을 다루는 것이 아니라는 것을 깨달아야 한다. 그리스도인이 세례를 통하여 장래에 회복될 종말론적 낙원은 원래의 낙원보다 훨씬 더 영광스러운 것이다. 왜냐하면 두번째 아담인 그리스도께서 첫번째 아담이 불순종한 결과를 바꾸어 놓았기 때문이다. 에프렘이 그의 『창세기 주석』과 『낙원에 대한 찬양』에서 설명한 대로 하나님

은 아담과 이브를 필멸의 인생으로나 불멸의 인생으로 만드신 것이 아니라 그 중간 상태로 창조하셨다.[20] 만일 그들이 하나님이 주신 명령을 순종했더라면 잠시 금지되었던 생명나무의 열매를 상급으로 받았을 것이다. 만일 그들이 불순종하여 자의적으로 그 열매를 따 먹으려 했다면, 그들은 생명나무가 아무 가치도 없음을 스스로 증명하며 필멸의 상태로 전락되었을 것이다. 에프렘에게 있어서 그리스도는 생명나무의 열매이며 성례를 통하여 날마다 용기를 주시는 분이었다. 만일 아담과 이브가 하나님의 지시에 순종했다면, 하나님이 그들을 위해서 의도했던 신적 생명과 가능성 있는 인간성, 그리고 인간의 온전한 상태 등의 좋은 열매를 얻을 수 있었을 것이다.[21] 아프라하트에 의하면 처음에는 처녀가 자의로 잉태하여 자녀를 낳았으나,[22] 타락 이후부터 부부 관계의 결과로 자녀를 낳게 되었다고 한다. 이런 식으로 낙원을 볼 때 육체적이고 외적인 면은 물론 순결의 차원에서 도덕적이며 내적인 면이 매우 중요하다.

세례가 장래에 천국에 들어갈 수 있는 가능성을 준다는 이러한 개념 유형은 초기 시리아 기독교에서 분명히 매우 강하게 나타났다. 이러한 생각은 모든 종류의 다양한 형태로 표현되었는데 무엇보다도 의복의 비유에서 가장 두드러지게 나타났던 것 같다.[23] 우리는 결과적으로 기독교인이 세례 때에 약간의 초기 기독교 전통이 받아들인 유대 전통을 따라 아담과 이브가 불순종의 결과 벌거벗기 전에 입었던 '영광의 옷'을 입는다고 말하는 것을 반복해서 듣게 된다. 에프렘은 옷이라는 이미지에 의해 다음과 같이 구원의 역사를 요약하고 있다.

 이 모든 변모는 자비하신 하나님이 행하셨는데

그는 자신의 영광을 버리고 사람의 육체를 입으셨다.
왜냐하면 그는 아담이 벗어버렸던 그 영광으로
아담을 다시 입히실 것을 계획하셨기 때문이었다.
그는 아담이 나뭇잎을 걸쳤던 것처럼 포대기를 입었으며
그는 아담의 가죽 대신 옷을 입으셨다.
그는 아담의 죄를 대신하여 세례를 받았으며
그는 아담의 죽음을 대신하여 장사되었고
그는 부활하여 그의 영광으로 아담을 높이셨다.
그는 이 땅에 오셔서 아담의 몸을 입으시고
승천하신 복된 분이시다.

(*Hymns of the Nativity* XXIII 13)

이와 같이 세례를 낙원에 들어가는 데 있어서 매우 강한 영향을 주는 것으로 생각했기 때문에 일부의 사람들은 세례가 실제로 생명을 준다는 개념 유형을 유지하려 했다. 따라서 '순결'과 '성결'의 약속은 계약의 백성(*bnay qyāmā*)이 되기를 원하는 사람들, 즉 세례받을 때 낙원에 다시 들어가도록 허락된 장래의 일을 이 땅에서 실현화하고자 했던 신자들에 의해 이루어졌다.

이원론적 세계관과 육체에 대한 부정적인 태도로 주어지는 결과와는 달리, 이러한 금욕적인 이상은 인간에 대해 매우 성경적이며 적극적인 태도를 가졌다. 그래서 그들은 인간을 육체 안에 거룩한 성소를 가지고 있는 매우 가치 있는 '영혼을 가진 육신'(body-*cum*-soul)으로 보았으며, 육신의 세계와 영의 세계와 상호 침투되어 있음을 강조했다. 동정(童貞)과 거룩한 삶은 소수 부름받은 자들에게 소명으로 느꼈던 이상(理想)이며, 비견하여 결혼은 남편과

아내가 거룩을 유지하기 위해 끊임없이 노력해야 할 하나의 것으로 이해했다. 이 땅에서 동정의 삶을 선택한 사람들이 기억해야 할 중요한 점은, 결혼을 저속한 것으로 여김으로써 부정해서는 안 되며, 오직 신랑되신 그리스도의 혼인 잔치가 있을 종말 때까지 결혼을 유보하는 것으로 이해해야 한다는 것이다.[24] 왜냐하면 그 영혼은 세례 때에 그리스도와 혼약했기 때문이다. 그러므로 신랑이신 독생자 그리스도께 신실하기 위해서는 한 마음을 가지고 그에게 충성을 다해야 한다. 계약의 백성에게 있어서 한 마음은 끝까지 유지되어야 했기 때문이다.

그런데 다른 개념 유형에서 계약 백성에게 독신 생활이 이상적이라는 주장이 제기되고 있다. 이러한 주장은 복음서(마 25: 13)에서 여러 번 언급된 각성과 경성을 이상적인 영적 상태로 생각하고 있던 시리아 독자들에 의해 그 개념이 제기되었다. 다니엘서에서 발견되는 용례를 따라서 초기 시리아 교회는 천사를 '깨우는 자', '감찰자'로 불렀으며, 에프렘의 글에서는 예수님이 자신을 세상에서 우리를 깨우는 자로 만들기 위해서 온 '깨우는 분'으로 기록하고 있음을 볼 수 있다(*Hymns On the Nativity*, XXI. 4). 따라서 천사의 깨어 있는 삶은 금욕 생활의 모범으로 제시되고 있으며, 천사의 생활의 특징 중 하나는 결혼을 하지 않는다는 것이다(눅 20: 35-36).[25]

에프렘은 육체와 마음 모두를 신랑이신 그리스도를 위하여 준비해야 할 신방(新房)이라고 한다. 시리아 전통은 사람의 마음을 사람의 인격의 영적인 중심으로 이해하는 성경적인 이해를 따르고 있다. 마음은 인간의 감정뿐 아니라 지성의 중심이다.[26] 따라서 우리가 다른 기독교 전통에서 흔히 발견할 수 있듯이 마음과 지성이 분이되지 않는다. 시리아의 영성이 계속적 그리스의 강한 영향을 받게 된 5세기 이후부터 대부분의 시리아 작가들은 누스(*nous*) 혹은 spiritual intellect를 마음(heart)과 동일한 언어로 취급하고 있다. 어떤 작가들이 옛 용어를 강력하게 고수하고 있지만, 대부분은 새로운 용어를 더 선호하였다. 그러나 실제적으로 많은 작가들이 익명으로 두 용어를 같이 사용했다.

마음의 기능 중 하나는 내면으로 드리는 예전적(liturgical)인 역할이다. 마음은 육신으로 만든 성소 안에 있는 제단이다(고전 6: 19). 이 제단에서 내면의 기도의 제사를 끊임없이 드려야 한다. 기도를 제사로 보는 이해는 이미 구약 성경(시 141: 2)에서 익히 알고 있는 것이며, 시리아어 성경에서는 마음을 특별히 기도가 시작되어야 할 곳이라고 한다. 본서 제 1~2장의 아프라하트와 에프렘의 글에서 우리는 기도의 제사를 드려야 할 곳이 오리겐과 암브로스[27]의 주석에 따라 마태복음 6: 6에 있는 "너는 기도할 때에 네 골방에 들어가 문을 닫고 은밀한 중에 계신 네 아버지께 기도하라"는 말씀에 근거하여 마음과 일치시키고 있음을 알 수 있다. 『단계의 책』(*Book of Steps*)에서 마음의 제단이 분명히 언급되어 있다. 이 글에서 우리는 지상의 유형적인 교회, 각자의 마음안에 있는 교회, 그리고 천상의 교회에서 동시에 일어나는 세 차원의 성례전(liturgy)이라는 개념을 갖게 된다. 마르티리우스(Martyrius)의 글(제10장)을 보면 그 표현이 더욱 발전되어 성례전적인 면이 현저히 강조되고 있다.

마음의 내적 기도와 성례전과의 비교는 시리아 전통에서 성례전과 성육신 사건에서 보여지는 정규적인 긴밀한 교제 속에서 중요한 의미를 갖는다.[28] 마리아에게 성령이 임함으로써 성육신의 사건이 이루어졌듯이, 성례전 중 기도를 드릴 때 빵과 포도주에 성령이 임함으로써 실제로 그리스도의 몸과 피로 변한다는 것이다. 이러한 유비가 마음의 기도에 적용한다면, 어떻게 빵과 포도주가 실제로 생명을 주는 역동적인 언어로 쓰여지는지 쉽게 이해할 수 있다. 이러한 기도의 내적인 면은 다음 두 인용문을 통하여 설명될 수 있다. 첫번째 인용은 니느웨의 이삭(Issac of Nineveh)과 동시대 사람인 은혜로운 시므온(Sime on the Graceful: ʿōn d-taybūteh)[29]의 저서에서 인용되었다.

> 육신이 마음(heart)으로 인해 산만하지 않고, 마음이 정신(mind)으로 인해 흩어지지 않은, 즉 지식과 이해가 연합된 기도는 이 모든 것들이 한데 어우러져 마음 깊이 느끼는 신음 안으로 모인다. 그렇지 않는 기도는 마음의 표면에 떠다니게 되며, 이런 기도는 잘못 드리는 기도라는 임을 명심해야 한다. 왜냐하면 기도하는 동안 기도 후에 하려는 일로 마음을 끌고 가기 때문이다. 이런 경우 합일 상태로 기도하지 않는 것이다.

두번째 인용은 색인에 전문이 번역되어 있는 환상가 요셉(Joshep the Visionary)이 성례전 전에 드린 기도문에서 발췌한 것이다.

> 육신의 기관인 위장 안이 아닌, 나의 마음의 자궁 안으로 당신을 영접하기를 원하나이다. 그럼으로써 동정녀 마리아의 태와 같이 그 곳이 당신을 배태하는 곳이 되어지기를 원하나이다.

성육신 사건과 성만찬과의 이런 연계로 말미암아 어떤 신비적

체험을 지칭하는 *maggnānūtā*라는 새로운 단어가 생겨났다.[30] 이 시리아어 말을 적절하게 단어로 번역하기 어렵다. 왜냐하면 이 말은 지고한 분의 "덮으심"(눅 1: 35: overshadow)과 말씀의 "육신"(요 1: 14: tabernacle—육신을 임시로 지은 장막으로 상징함: 역자주)[31] 등의 의미를 모두 강조하기 때문이다. 이삭(Issac)은 이 말을 설명하고자 한 항목을 전체 할애하고 있다.[32] 이삭은 이 말은 근본적으로 두 가지 의미를 가지고 있다고 설명한다.

> 이 말은 성도만이 알 수 있는 하나님의 계속적인 보호를 뜻한다. 즉, 육체와 영혼에 엄습해 오는 사악한 것으로부터 보호하고 건져내는 영적인 힘인데, 이것은 지성으로는 알 수 없으나 믿음의 눈으로써 분명히 볼 수 있다. 이 말의 또 다른 뜻은 신비이신 하나님으로부터 주어지는 은사를 의미한다. 이 은사는 신적 은혜를 통해서 주어지는 성화, 즉 성령의 역사로 말미암아 육체와 영혼이 성화되는 것이다.

이삭은 "성모 마리아만이 이 은혜를 온전히 경험했지만, 다른 거룩한 남녀들이라면 부분적으로 이런 은혜를 경험할 수 있을 것"이라고 했다. 그리고 이삭은 계속 말하기는 "지고한 분의 '덮으심'을 경험하게 되면 마음은 신적인 계시를 받은 것처럼 경이로움으로 사로잡히고 넓어지게 된다. 그리고 이 '덮으심'의 역사가 마음에 임하는 한, 영혼의 생각들로 마음에 감동이 자아나며, 성령의 간섭에 대해 감사하게 된다."고 했다.

아래 인용문들은 히브리어 성경과 그리스어 성경에서 생략된 '순수한 기도'(pure prayer)에 대한 것이다. 그러나 시리아어 성경을 읽는 독자들에게는 익숙한 내용이다.

거룩한 자들[방주 앞에서 전파하고 있던 자들]은 악기로 찬양을 드리지 않고…기쁨으로 찬 입술과 순수하고 온전한 기도로써 찬양드렸다(대상 16: 42. 시리아 성경).

'순수한 기도'란 아프라하트의 말대로 순수한 마음이 전제되어야 한다. 이에 대해 다른 작가들은 마음의 청결, 맑음, 밝음, 선명, 순수, 투명, 평온, 신실 등을 뜻을 가진 shafyūt lebbā 라는 단어를 사용하고 있다. 명사인 shafyūtā 와 형용사인 shafyā 는 영성생활이라는 의미로 시리아 작가들이 자주 사용되고 있으며, 특별히 "시리아 영성'을 의미하는 어휘로 사용하고 있다. 이 말은 두 가지의 성경적인 의미가 있다. 즉, "정직함(사 26: 7: shafyā 즉, 시리아 성경은 '곧고 깨끗함'을 의미함: 역자 주)과; 그리고 특히 누가복음 8: 15의 "좋은 땅에 있다는 것은 '착하고' (총명한: luminous; shafyā) 좋은 마음"을 의미한다.[35] 아마 이 어구의 배경은 유대 아람어에서 찾아 볼 수 있을 것인데 창세기 22: 6절에 보면 히브리어 성경에서는 아브라함과 이삭이 함께 산으로 갔다고 하고 있으며, 팔레스틴의 탈굼(Targum) 성경에는 '함께' (together)라는 말을 '총명한 마음' (a luminous heart)으로 번역했다(필로는 이 단어를 만장일치, in unanimity로 번역했다).

그래서 '총명한 마음' (또는 '착한 마음')은 말씀의 씨앗이 심겨져 열매를 맺기 위해서 반드시 말씀의 씨가 떨어져야 할 옥토이다. 장로 요한(John the Elder)이 말했던 것처럼, 하나님을 진정으로 기쁘게 할 수 있는 것은 전적으로 총명한(착한) 마음이다.[34] 총명한 마음은 '총명한 눈'(luminous eye)[35]으로 사물을 보기 위해 필요하다. 이 용어는 에프렘의 글에서 많이 발견된다. 예를 들어 그는 이브와 마리아를 세상을 보는 두 개의 영적인 눈으로 표현하며, 삼위일체의 두번째 위격을 이러한 눈들이 기능을 다할 수 있게 하는 빛으로 묘사하고 있다.[36] 이브의 눈이 어두워져 더 이상 빛을 받아드릴 수 없으며, 마침내 시력을 잃게 되었다. 그 결과 세상이 그녀의 눈을 의지할 때 실수의 주위를 더듬거리게 되었다. 반면에 마리아의 눈은 총명한(밝은) 상태이며, 그래서 '그녀는 빛의 근원을 받는 대지이며, 그녀를 통하여 그 빛은 이브로 인해 어두워진 세상에 살고 있는 사람들에게 빛을 비추고 있다.'

총명(luminosity)과 분명함(clarity)이라는 용어가 사용된 또 다른 중요한 배경은, 옛날에 유리가 아닌 금속으로 만든 거울과 연관되어 있다. 이 거울의 기능을 잘 하기 위해서는 표면이 잘 연마되어 있어야 한다. 이같이 잘 닦은 거울은 총명하고(*shafyūtā*) 분명한 (clarity) 것을 비출 수 있다. 영성 생활이라는 관점을 설명하는 데에는 이러한 예를 활용할 수 있지만, 이러한 이미지를 사용함으로써 오는 기도의 관점에서 신적 현현에 특히 유의하는 것은 매우 중요하다. 그래서 에프렘은[37] "우리의 기도가 그리스도이신 주님 앞에 놓인 거울이 되게 하라. 그때 그리스도의 아름다움이 총명한 마음의 표면에 새겨질 것이다"라고 말했다.

내면의 거울이 더욱 연마되고 밝을수록, 하나님의 형상을 마음 안에—하나님의 모습을 지닌 피조물 안에—더욱 분명히 잘 비추게 될 것이다.

『단계의 책』의 저자는 독자에게 마음과 육체의 곧음, 마음과 육체의 맑음(impidity; *shafyūtā*), 겸손, 평화를 추구하라고 말하고 있다.[38] 그는 다른 곳에서 설명하기를, 아담은 은혜가 깃든 마음과 밝은 지성을 반역하고, 이기심[39]으로 말미암아 악을 아는 마음을 갖게 되었다고 말한다. 이것을 통하여 맑음과 총명이라는 것이 하나의 낙원의 상태[40]이며, 이는 세례시에 주어지는바, 낙원으로 다시 들어갈 수 있도록 하는 실제로서 신자의 생활에서 계속 구해야 할 한 부분임을 알 수 있다.

마찬가지로 후기 동방 시리아의 신비 전통에 속한 많은 작가들도 영성 생활의 목표로서 '맑음의 경지' 혹은 '맑음의 단계'에 대해 언급하고 있다.[41] 무엇보다 이런 고상한 맑음의 단계에 대해서 매우 강하게 서술하고 있는 사람은 환상가 요셉(Joseph the Visionary)인데, 그는 말하기를 이 단계에 들어가는 것은 그냥 주어지는 것이 아니라 전적인 하나님의 은혜로만 가능하다고 했다.[42] 요셉이 말하는 3단계인 육신(body)의 단계, 혼(soul)의 단계, 영(spirit)의 단계인에서. 맑음의 단계는 혼(nafshānūtā)의 단계와 영(rūḥānūtā: 완덕의 단계로서 *gmīrūtā*)의 단계 사이에 위치한다. '순결의 단계'는 혼의 단계에 속하며, 이는 타락 전 인간성을 말한다. 이 단계를 지나면 처음 창조때에 부여된 가능성과 종말론적인 새로운 세상 사이 경계에 '맑음"과 '평온'이 놓인다.

비록 니느웨의 이삭은 동일한 용어[43]를 사용하지는 않았지만 그는 그의 저서인 *Discourse* XXII에서 유추적 기법을 사용하고 있다. 거기서 그는 한편으로는 '기도의 순수함'과 '순수한 기도'를 구분하며, 다른 한편으로는 '영적인 기도'와 관상(contemplation; *theō* ria)을 구분하는 데 관심을 기울였다. 이삭에 의하면, 관상에 들어갈 때 실제적으로 기도는 끝나게 되며,[44] 진정한 영적 기도는 순간적인 계시와 부활 때 완전히 경험할 수 있는 새로운 세계를 깨닫는 것이라고 했다. 이삭은 영적인 기도는 '영혼의 맑음'을 가지고 있는 사람에게 전적으로 하나님의 은혜로써 주어진다고 강조했다.

이러한 최고의 상태에서 '기도의 활동'은 중지되며, 이때 지고의 경이로움이 일어난다.[45] 여기서 우리는 또 한번 시리아 전통의 특징을 만나게 되며, 특히 에프렘의 글에서 경이로움과 찬양을 하는 드리는 자는 총명한 눈으로써 하나님의 신비를 나타내는 피조 세계와 성경 안에 담겨진 모든 형태와 상징이 뜻하는 그 풍성함을 깨닫는 자의 반응이라는 것을 알 수 있다.

이삭과 다른 동방 시리아 작가들은 사람이 영성 생활에 있어서 이와 같은 높은 단계에 이르기 위해서는 철저하고도 온전한 겸허가 필요함을 반복해서 강조한다. 환상가 요셉이 세례 때 받은 성령이 사람 안에 역사하고 있음을 암시하는 목록으로 제시한 표식 중에 하나가 마음에서 불 같이 타오르는 '하나님의 사랑'이다. 이것으로부터 마음속에 자기를 비움과 참된 겸손이 생기는 것이다.[46] 이 '자기 비움'(msarrqūtā)라는 단어도 시리아어 전통에서 오랜 역사를 가진 단어이다.

『단계의 책』에서 처음 나타나는 이 명사는 그리스도께서 "오히려 자기를 비어 종의 형체를 가져 사람들과 같이 되었고"(빌 2: 7)에 근거한다. 그래서 이 단어를 통해 그리스도의 자기 비움을 본받은 '자기 비움'의 의미를 전달하는 것이다. '거룩한 비움'(kenōsis)은 인간적인 비움으로 나타나야 한다.『단계의 책』의 저자는 서두에서 '모든 것을 버리고 주님의 겸손함과 겸비함으로 나아가자"고 했다.[47] *Discourse* XII에서 그는 마음에 숨겨진 비움에 대해서 말한다. 한번 더 이 용어가 첫번째 아담과 두번째 아담과의 유형론에 속함을 밝힌다. 악한 자는 아담과 이브에게 금욕과 자신을 비움과 거룩한 상태, 그리고 겸손을 버리라고 강요했다.[48] 이것은 분명히 아담이 모욕 아닌 영광 중에 있는 하나님과 같이 되려고 한 그의 소원에 대한 반응이었다. 그러나 바울이 기록한 대로 그리스도는 하나님과 동등됨을 취하시기를 원치 않았으며, 오히려 자기 자신을 비우셨다. 그리고 이러한 주님의 모습은 세상적인 풍성함을 가지고 있는 하나님이 되기를 바라는 마음을 스스로 포기했다는 것도 포함한다. 대신 그는 종의 형체를 취하셨고, 사람들이 어떻게 주님의 형제와 아들과 상속자와 이웃이 되는가를 보여 주기 위해서 순종과 사랑과 겸손으로 첫번째 사람인 아담의 몸을 입으셨다.[49] 저자는 계속해서 마태복음 23: 12을 인용하고 있다. "누구든지 자기를 높이는 자는 낮아지고 누구든지 자기를 낮추는 자는 높아지리라"

이러한 것들이 시리아 전통의 보다 두드러진 특징이다. 이렇게 간략하게 요약하다 보니 불가피하게 불과 빛이라는 심상과, 합성어와 혼합어와 같은 매우 중요한 다른 많은 내용이 은연중에 생략되었다.[50] 우리는 분명히 시간적으로 셈족적 경향에서 시리아 기독교의 헬라적 경향으로 나아간 초기작가들과 후기 작가들 사이의 명확한 연속성을 쉽게 인식할 수 있다. 물론 이런 연속성으로 인해 반전이 이루어지게 되었는데, 그것은 마치 후기 작가들이 시리아 전통에서 유익했던 그리스의 다양한 전통들을 흡수하고 적용한 것과 같다.

시리아 전통을 더듬어 보면서 우리는 다시한번 이렇게 분명한 발전을 이룬 이 전통의 출발점이 성경 본문에, 시리아 성경에 근거하고 있음을 살펴볼 필요가 있다.

초기 시리아 기독교는 성경에 대해 창조적이고 성실한 묵상의 결과로 온 것이라 말할 수 있다. 5세기 이후 토착적인 초기 수도원 전통이 이집트의 수도원 운동과 광야의 영성과 융합되고, 시리아 작가들 사이에서 그리스 수도원 문학의 명성이 높아감에 따라 시리아 영성의 특징은 변할 수밖에 없게 되었다. 우리는 5세기 작가들을 통하여 각 저자들이 다양한 형태로 사용한 여러 가지 전통의 혼합을 볼 수 있다. 거기에 토착적인 시리아 전통은 항상 한 요소를 이루었다. 다른 요소들은 에바그리우스에 의해 주어졌다.[51] 시리아 기독교는 그리스 교회와 라틴 교회의 전통, 그리고 오늘날 다양한 이들의 후손들과 매우 다른 구별된 전통을 제공하고 있다고 말할 수 있다. 그러므로 동방 그리스 교회와 서방 라틴 교회의 친근한 구조에 편의상 동방 시리아라고 부를 수 있는 세번째 기독교 전통을 더해야 한다. 그러나 이들 세 개의 전통 중 어느 하나도 다른 것들과 떨어져 있지 않는데, 그것은 이들 요소들이 복음 안에서 동일한 뿌리를 갖고 있을 뿐만 아니라 지금까지 직접, 간접으로, 그리고 예상외의 방식으로 항상 서로 관계를 맺어 왔기 때문이다. 서구 전통에 관한 한 후기 시리아 전통으로 흡수된 그리스 요소는 이 전통과의 분명한 관계성을 제시해 주고 있는데, 이러한 모습은 고대 후기의 라틴 세계와 중세 시대에 시리아에서도 찾아볼 수 있는 동일한 많은 그리스 교부들의 저서를 남겼다는 사실을 통하여 알 수 있다.

이어 17세기, 18세기, 19세기에는 가톨릭과 프로테스탄트 양측에서 영성에 관해 고전에 속하는 몇몇 책들이 시리아어로 번역되었다.[52] 그러나 이러한 움직임이 결코 한 방향으로만 진행된 것은 아니었다. 영성 생활에 대한 몇 개의 시리아 저서들은 어려운 언어적, 문화적, 교회 제도적인 장벽을 넘어 에큐메니칼 시대가 오기 오래 전부터 이미 에큐메니칼적인 역할을 하는 매우 당황스런 방식을 취했다. 필록세누스의 『Letter to Patricius』는 그리스 정교회에서 네스토리안 이삭('nestorian' Issac)[53]이라는 이름으로 번역된 그리스 역으로 읽히고 있다. 이삭은 자기의 이류을 그리스어로 고집하여 그가 인용했던 저자들, 즉 요한 크리소스톰(John Chrysostom)처럼 소리없이 존경받는 작가의 명예를 얻게 된 몹수에스티아(Mopsuestia)의 데오도르 같은 인물의 마음을 상하게 했다. 이삭의 사건은 동방교회 뿐 아니라, 시대를 넘어서 다른 교회의 수도원 전통에도 많은 영향을 주었기 때문에 교훈적이다. 그의 많은 저서들이 시리아 정교회 서기들에 의해 전수되고 있으며, 그의 저술들이 그리스어, 라틴어, 아람어, 러시아어, 불어, 그리고 다른 언어로 번역됨으로써 다른 많은 교회에 속한 폭넓은 독자들을 갖게 되었다.[54] 오늘날에도 이삭은 아토스 산에서 가장 존경받는 작가로서 남아 있으며, 최근 콥트 정교회에 수도원 운동 부흥의 기초를 놓은 것은 그의 저서에서 나오는 영감에 기인한 것이다.[55] 최근 훌륭한 영어 번역이 이루어짐으로 영어권 독자들도 보다 쉽게 이삭의 지혜에 접근할 수 있게 되었다.[56] 이곳에 어떤 씨앗이 뿌려질 것인가는 미래가 말해 줄 것이다.

APHRAHAT

제1장
아프라하트

아프라하트는 페르시아의 4세기 중엽의 성자라고도 불리는데, 그는 최초의 주요 시리아 저술가로서 그의 저서들은 지금도 현존하고 있다. 그의 생애에 대해서는 알려진 것이 없는데, 후의 전통이 시대착오적으로 그를 이라크 북쪽에 있는 모술 인근의 마 마타이(Mar Mattai)라는 유명한 수도원의 원장으로 만들어 버렸다. 그는 분명히 페르시아 제국의 기독교에 있어서 저명한 인물이었다. 340년 대 초, 지도자들이 새로이 기독교인이 된 로마 제국과의 전쟁으로 말미암아 사산 왕 샤푸르(Shapur) 2세가 교회 지도자들을 박해하기 시작했는데, 그는 그 일의 목격자였다.

아프라하트는 *Demonstrations* 라는 23편의 설교를 남겼다. 이 글은 대부분이 기독교인의 생활 혹은 기독교인들 사이에 퍼져 있던 유대화 경향으로 인한 교회의 위협에 대해서 다루고 있다. 앞부분에서는 믿음, 사랑, 금식, 기도, 계약의 백성, 회개, 겸손 등에 대한 설교를 다루고 있다.

아프라하트의 *Demonstrations* IV 는 터툴리안, 오리겐, 시프리안 등이 저술한 기도에 대한 유명한 저서들처럼, 기도에 관한 저술로서 주기도문에만 관련되지 않은 최초의 것이라는 특징이 있다. 성경적인 예로 가득찬 이 저서에서 그는 기도가 하나님께 열납되기 위해서는 마음의 순결이 필요함을 강조한다. 처음부터 끝까지 기도를 내적인 제사와 희생으로 이해하는 것이 매우 두드러지게 나타나며, 2장에서 그는 이런 이해에 기초하여 어떻게 아벨이 자기의 제물이 열납되었음을 알게 되었고, 어떻게 가인은 자기의 제물이

거부되었음을 알게 되었는가를 설명하기 위해 하나의 흥미로운 주석 전통을 소개해 준다. 하늘로부터 아벨의 제물 위에는 불이 내려왔지만 가인의 제물에는 불이 붙지 않았다. 이런 모티프는 성경 본문에서 불이 내려옴을 언급하고 있는 역대상 21:26(다윗의 제물), 역대하 7:1(솔로몬의 제물) 등의 구절에서 분명히 찾아 볼 수 있다.

그러나 창세기 4장에 대한 이런 요소의 적용은 또 하나의 주석적 근거에 기초한다. 고대와 현대 번역가들은 대개 히브리어 성경 본문의 4절을 "여호와께서 그 제물을 열납하셨다"로 번역하고 있다. 그런데 70인 역을 개역한 유대인 테오도티온(Theodotion)은 히브리 동사를 "ēsh", "fire"와 연결시켜서 "여호와께서 불로 태우셨다"로 번역했다. 이것은 설교를 유대 전통과 연결시키기 위한 것이 아니다. 왜냐하면 기도가 성전 예배에 대한 대치라는 개념은 A.D. 70년 제2성전의 파괴 이후 유대 사회에 퍼져 있었기 때문이다.

그 전에 있었던 오리겐(On Prayer, XX.2)처럼 아프라하트도 기도를 드려야 하는 장소인 골방(마 6: 6)을 마음으로 이해하며, 이것은 앞으로 에프렘의 Hymns on Faith, XX에서 보게 될 해석이다. 기도의 전제 조건으로 내적 자세(특히 용서)의 중요성이 매우 강조되었다. 그러나 기도가 내적인 문제만은 결코 아니다. 그것은 또한 자비 행위라는 형태로서 '하나님의 안식'(사 28: 12)을 완성하는 것도 포함한다. 아프라하트는 실제적인 두 개의 예를 통하여 이것이 전통적인 형태의 기도보다 우위에 있어야 하는지를 설명한다.

설교의 처음부터 끝까지 아프라하트는 자기 자신을 마음의 영성

이라는 풍부한 동방 전통의 초기 증인으로 보여 주며, 이후에 중요하게 취급될 다양한 주제와 개념을 예시하고 있다.

그가 특히 6-8세기까지 시리아 영성에 지속적인 영향을 준 것은 분명하다. 그것은 그의 설교문들이 많은 작가들에 의해서 은연중 인용되고 있음을 통해 알 수 있다. 그의 저서들은 일찌기 아르메니아어로 번역되었으며, 그와 동시대인이었던 니시비스의 성 제임스(St. James of Nisibis)라는 이름으로 유통되었다. 또한 각각의 *Demonstration*은 아랍어, 그루지아어, 이디오피아어로 번역되었다.

Demonstrations IV
기도에 대하여

1. 마음의 순결은 소리내어 드리는 기도보다 더 참된 기도이며, 신실한 마음[1]과 일치를 이루는 침묵이 크게 소리지르는 기도보다 낫습니다.

사랑하는 자여, 당신의 마음과 생각을 기울이고, 순결한 기도의 능력에 대한 나의 말을 들으십시오. 그리고 우리의 의로운 선조들이 하나님 앞에서 드리는 기도에 얼마나 훌륭했으며, 어떻게 그 기도가 깨끗한 제물(말 1: 11)이 되었는지를 보십시오. 기도를 통해서 제물이 열납되었으며, 홍수가 노아를 피해간 것도 기도로 말미암은 일이었습니다. 기도는 불모의 땅을 고쳤고, 군대를 섬멸시켰으며, 기도는 신비를 드러냈으며 홍해를 갈라놓았습니다. 기도는 요단강에 길을 내었고, 태양을 멈추게 했으며, 달을 머물게 했으며, 부정한 자를 멸망하게 했고, 하늘로부터 불이 내려오게 했습니다. 기도가 하늘을 닫았으며, 지옥과 불에서 건져내며, 바다로부터 구원했습니다.[2] 기도의 능력은 순수한 금식의 능력처럼 매우 큰 것입니다. 앞 장에서는 금식에 대해 설명했지만, 여기에는 기도에 대해서 말하려

합니다.

2. 무엇보다도, 가인의 제물이 열납되지 않은 반면, 아벨의 제물이 하나님 앞에서 열납된 것은 그의 순결한 마음 때문이었습니다. 어떻게 아벨의 제물이 열납되고 가인의 제물은 열납되지 않았다(창 4: 4)는 것을 알 수 있습니까? 어떻게 아벨은 자신의 제물이 열납되었다는 것을 알았으며, 어떻게 가인은 자신의 제물이 열납되지 않았다는 것을 알게 되었습니까? 이것에 관해 설명하고자 합니다.

사랑하는 자여, 제물이 하나님께 열납되었음은 하늘로부터 불이 내려와 그 제물을 태웠다는 사실에 의해 확인된다는 것을 잘 알고 있습니다. 아벨과 가인이 각기 제물을 드릴 때, 하나님을 섬기고 있던 살아 있는 불(시 104: 4)이 내려와 아벨의 깨끗한 제물을 태웠습니다. 그러나 가인의 제물은 깨끗하지 않았기 때문에 불이 붙지 않았습니다.[3] 이것을 통하여 아벨은 자기의 제물이 열납되었다는 것을 알았고, 가인은 자기의 제물이 열납되지 않았다는 것을 알게 되었습니다. 그리고 후일 가인이 동생을 죽인 원인은 마음에 시기심으로 가득 차 있었음을 증명해 줍니다. 이는 그가 마음에 품고 있었던 것을 손으로 행했기 때문이었습니다. 그러나 아벨이 가졌던 순결한 마음은 그의 기도가 되었습니다.

3. 사랑하는 자여, 모든 가납될 만한 제물을 어떻게 불이 태웠는지를 설명하고자 합니다. 삼손의 아버지 마노아가 제물을 드렸을 때 타오르는 불이 내려와 그것을 태웠고(사 13: 20), 그와 함께 말하던 천사는 그 불꽃 속에서 하늘로 올라갔습니다. 아브라함의 경우에도 마찬가지입니다. 하나님께서는 그에게 아들을 나을 것이라고 약속

하시면서 "삼 년 된 암소와 삼년 된 암염소와 삼 년 된 수양과 산비둘기와 집비둘기 새끼를 취할지니라"(창 15: 9)고 말씀하셨습니다. 그래서 아브라함이 그 모든 것을 취하여 그 중간을 쪼개고 그 쪼갠 것들을 마주 대하여 놓았을 때, 침묵과 어둠이 임했고, 불이 내려와 쪼갠 고기 사이로 지나가며 그의 제물을 태웠습니다(창 15: 17).

성막에서 제사를 드릴 때에도 불이 내려와 제물을 태웠습니다. 또 아론의 아들 나답과 아비후가 제물 관리를 경멸했을 때에도 제물을 드릴 때와 마찬가지로 불이 내려왔으나 깨끗한 제물을 발견치 못했으므로 제물을 태우지 않았습니다. 자기들의 재물이 타지 않을 것을 본 그들은 모세의 책망을 피하기 위해서 제물을 태우기 위해 밖에서 불을 가져왔습니다. 성막 밖에서 가져온 불이 제물을 태웠지만, 하늘에서 내려오는 불은 나답과 아비후를 태웠습니다(레 10: 2). 그들은 제사를 경멸함으로써 죽음을 당했고, 여호와의 거룩은 보존되었습니다.

마찬가지로 250명이 모세를 거역하여 자기 마음대로 분향했을 때, 하나님으로부터 불이 나와 그들을 태웠습니다(민 16: 35). 그들의 생명을 대가로 치르고서야 그들의 향로는 거룩하게 보존되었습니다.

또한 솔로몬이 성전을 건축하고 제사를 드리며 모든 제물을 드렸을 때, 그는 기도하니 하늘에서 불이 내려와 제단의 모든 번제물의 기름을 불살라 버렸습니다(대하 7: 1). 이와 비슷하게 엘리야가 제물을 드렸을 때 불이 내려와 그것을 태웠으며(왕상 18: 38), 아벨의 제물이 열납되었듯이 그의 제물이 열납되었습니다. 반면에 바알 숭배자들의 제물은 가인의 경우처럼 거부되었습니다. 불에 대해서 이렇게 설명한 목적은 불이 아벨의 제물을 태웠다는 것을 확신시키기 위해서입니다.

4. 사랑하는 자여, 이러한 기도에 대해서 귀를 기울이고 그 안에서 얼마나 큰 능력이 나타나는지 들어 보십시오. 아브라함이 기도했을 때 그는 다섯 왕에게 잡혀 갔던 모든 사람들을 찾을 수 있었으며(창 14: 16), 그의 기도로 아이를 잉태할 수 없었던 여인이 아이를 낳게 되었습니다(창 21: 2). 또한 능력 있는 기도로 말미암아 그는 그 씨로 말미암아 천하 만민이 복을 받을 것이라는 약속을 받았습니다(창 22: 18). 이삭의 경우도 마찬가지였습니다. 그가 리브가를 위해 기도함으로 그녀는 출산하게 되었고(창 25: 21), 아비멜렉을 위해 기도함으로 하나님의 진노가 그에게서 떠나감으로써 기도의 능력을 보여 주었습니다.[4]

5. 우리 조상 야곱은 벧엘에서 기도할 때에 열린 하늘문과 하늘까지 닿은 사닥다리를 보았습니다(창 28: 12). 야곱이 본 것은 우리 구세주를 상징합니다. 하늘문은 그리스도를 상징합니다. 왜냐하면 주님께서 나는 생명의 문이니 누구든지 나로 말미암아 들어오는 모든 자는 영원히 살리라(요 10: 9 참조)고 말씀하셨기 때문입니다. 다윗도 "이는 여호와의 문이라 의인이 그리로 들어 가리로다"(시 118: 20)고 말했습니다.

야곱이 본 사닥다리는 구세주(Saviour)를 상징합니다. 그로 말미암아 의인은 낮은 곳에서부터 높은 곳에 이르기까지 올림을 받습니다. 또 사닥다리는 십자가를 상징합니다. 십자가는 사닥다리처럼 섰고 그 위에 주님이 달리셨다. 축복을 받은 사도가 "그리스도의 머리는 하나님이시니라"(고전 11: 3)고 말했듯이, 그는 모든 이의 주이십니다. 야곱은 그곳을 벧엘이라고 부르고, 그곳에 증거의 돌기둥을 세우고 기름을 부었습니다(창 28: 18). 우리의 조상 야곱은 돌들이 기름부음을 받게 될 것을 예상하고서 상징적으로 이렇게 했습니다. 왜냐하면 그리스도를 믿는 민족들은 기름부음을 받은 돌이기 때문입니다. 그래서 세례 요한은 "하나님이 능히 이 돌들로도 아브라함의 자손이 되게 하시리라"(눅 3: 8)고 말했습니다. 야곱의 기도에는 국가들에 대한 부르심이 상징되어 있기 때문입니다.

6. 사랑하는 자여, 야곱이 본 환상 속에 얼마나 많은 상징이 감추어져 있는지를 생각해 보십시오. 그가 본 하늘문은 메시아를 상징하고 그가, 사닥다리는 십자가를 상징하며, 그가 기름을 부은 돌들은 민족들[5]을 상징합니다. 또한 그는 레위인에게 십일조를 드리겠다고 서원했는데, 그의 안에는 십일조를 내며 첫 수확을 받은 레위인이 숨겨져 있었습니다(창 28: 22). 그의 허리에 사자 새끼인 유다가 있었고(히 7: 9-10; 창 49: 9), 왕이신 메시야가 숨겨져 있었습니다. 그는 세례의 기름부음을 가리켰던 것입니다. 그리고 아직 그의 몸 안에 있었던 각 지파들은 레위 족속에게 십일조를 드리기로 서원했으며, 아직 그의 허리에 있었던 왕들은 그의 마음을 부풀게 했습니다. 그리고 그의 안에 있는 선지자들의 영은 장차 나타날 그의 자손들을 구별해 냈습니다.

"지팡이만 가지고 이 요단을 건넜더니"(창 32: 10). 이것은 그가 손에 잡았던 것은 놀라운 상징, 위대한 선지자의 십자가를 상징하는 것이었습니다(창 29: 1). 그리고 그는 동방 사람의 땅에 이르렀는데, 그 이유는 이방을 비추는 빛(눅 2: 32)이 그곳에서부터 나아올 것이기 때문이었습니다. 그는 여러 명의 힘으로도 옮길 수 없는 큰 돌로 아구를 덮은 우물가에 기대 있었습니다. 야곱이 그곳에 이르기 전까지(창 29: 8, 10) 많은 목자들이 그 돌을 옮기고 우물을 열지 못하고 있었습니다. 그런데 그의 몸 안에 숨어 있던 목자의 능력으로 그 돌을 옮기고 양들에게 물을 먹였습니다. 많은 선지자들이 왔었지만 세례의 비밀을 제거하지 못했었습니다. 그러나 위대한 선지자가 오셔서 그것을 열고 그 안에서 세례를 받으시며 온유한 음성으로 "누구든지 목 마르거든 내게로 와서 마셔라"(요 7: 37)고 말씀하셨습니다.

야곱은 라반의 집을 떠나 고향으로 돌아오면서 기도했고, 그의 형 에서의 손에서 구원을 받았습니다. 그는 "내가 내 지팡이만 가지고 이 요단을 건넜더니 지금은 두 떼나 이루었나이다"(창 32: 10)라고 고백하며 기도했습니다. 이것은 우리 주님을 나타내는 대한 놀라운 상징입니다! 주님이 처음 세상에 오셨을 때 그 지팡이는 야곱의 지팡이처럼 이새의 줄기에 머물러 있었습니다(사 11: 1). 그가 다시 아버지의 집을 떠나 재림하실 때에는 마치 야곱이 두 떼를 가지고 아버지 이삭의 집에 돌아갔던 것처럼 두 떼—하나는 이스라엘 백성에게서 얻은 무리요, 나머지 하나는 이방인들에게서 얻은 무리—를 얻어 돌아갈 것입니다.

야곱이 열한 명의 아들과 함께 돌아왔듯이, 주님은 열한 명의 제자와 함께 오실 것입니다. 왜냐하면 유다가 그들과 함께 있지 않기 때문입니다. 후에 베냐민이 태어났기 때문에 야곱의 아들이 열두 명이 된 것처럼, 후에 주님은 도마를 선택함으로써 열두 명의 제자를 만드셨습니다.[6]

야곱의 기도에 대해서는 많은 자료가 있습니다.

7. 모세가 지녔던 무한한 기도의 능력에 대해서는 어떻게 말할 수 있습니까? 모세는 기도로 바로의 손에서 구원을 받았는데, 하나님은 이 일을 통하여 그에게 자기의 모습을 보여 주셨습니다(출 3: 2). 그는 기도를 통하여 바로에게 열 가지 재앙을 초래했으며(출 7-11장), 기도를 통하여 홍해를 가르고, 쓴 물을 단물로 변하게 했습니다(출 14: 21; 15: 23-25). 그의 기도가 하늘에서 만나를 내리게 하고, 메추라기가 날려오게 했습니다(출 16. 17: 6). 그는 기도로 바위에서 물이 나오게 했고(출 17: 8-13), 여호수아를 강하게 하고 아말렉을 전멸시켰습니다(민 21: 21-35). 그는 기도로 전쟁 중에 있던 옥과 시혼에 길을 냈으며(민 16: 31), 또 악인들을 스올에 떨어지게 했습니다(민 16: 47-50). 또 기도로 백성에게 임한 하나님의 진노를 돌이키게 했으며, 송아지 우상을 가루로 만들어 버렸습니다(출 32:20). 기도로 말미암아 그가 산에서 돌판을 가지고 내려왔을 때 얼굴에서 빛이 났습니다(출 34: 29). 모세의 기도에 대해서는 야곱의 기도에 대해서보다 할 이야기가 더 많습니다.

눈의 아들 여호수아도 하나님 앞에서 기도에 뛰어난 사람이었습니다(수 3: 13-17). 그는 기도로 요단강을 갈라지게 하고 여리고 성을 무너뜨렸습니다(수 6-7장). 기도로 해와 달을 멈추게 했고(수 10: 12), 왕들을 섬멸시키고 그 땅을 이스라엘에게 유업으로 주었습니다(수 12장).

8. 사무엘의 어머니 한나가 드린 침묵의 기도를 살펴 보십시오. 어떻게 그 기도가 하나님을 기쁘게 했으며, 닫혔던 그녀의 태를 열

어 그녀의 수치를 씻기고 나실인이요 제사장을 출산하게 했습니까?(삼상 1장)

사무엘 또한 하나님 앞에서 기도하며 이스라엘 백성에게 징조를 보여 주었습니다. 그 때 그는 그들이 하나님께 왕을 요구한 것이 죄라는 것을 말해 주었습니다. 사무엘은 온전한 제사를 드렸으며, 밀 추수기에 비가 내렸습니다(삼상 12: 17-18).

다윗도 하나님 앞에서 기도하여 사울의 손에서 구원을 받았습니다(삼상 19-20장). 그는 백성을 계수한 후에도 기도했는데, 그 기도는 백성들에게 임한 하나님의 진노를 돌이키게 했습니다(삼하 24: 25).

아사의 기도는 큰 능력을 나타냈습니다. 구스인 세라가 백만 대군을 이끌고 싸우러 왔을 때, 아사는 "여호와여 강한 자와 약한 자 사이에는 주 밖에 도와줄 이가 없사오니 우리 하나님 여호와여 우리를 도우소서"라고 기도했습니다(대하 14: 10-15). 하나님은 그의 기도를 들으시고 그들을 멸하기 위해 천사를 보내셨습니다. 아사가 드린 기도의 능력으로 말미암아 적의 대군은 참패했습니다.

아사의 아들 여호사밧도 기도로 적의 군대를 멸망시켰다(대하 20: 3-30). 히스기야도 기도하여, 천사의 도움으로 185,000명을 멸망시켰습니다(왕상 19: 15, 35).

요나 역시 깊은 바다에서 기도했는데, 하나님이 그 기도를 들으시고 응답하여 전혀 해를 입지 않고 건짐을 받았습니다(욘 2장). 그의 기도가 바다 깊은 곳까지 뚫고 들어가 파도를 멈추게 했고 폭풍을 잠잠하게 했습니다. 그의 기도는 대기에 떠다니는 구름을 뚫고 하늘 문을 열게 했으며 기도를 하나님께 가져다 주는 가브리엘 천사의 도움으로 하나님이 계신 존귀의 보좌에 이르렀습니다.[7] 그 결과 바다가 요나를 토해 냈고, 물고기는 요나를 안전하게 육지에 데려다 주었습니다.

아나니야와 아자리야와 미사엘도 기도로써 타오르는 불꽃을 이길 수 있었으며, 물체를 태워버리는 불의 자연적 속성을 바꿔 불의 힘을 제어했습니다. 이 의로운 사람들의 기도가 왕의 진노를 억제하여 그들을 구원했습니다(외경 단 3장).

9. 다니엘도 기도로 사자의 입을 봉했습니다(단 6장). 의인의 몸 앞에서 사자의 탐욕적인 입은 봉해졌습니다. 사자들은 다니엘이 땅에 떨어지지 않게 하려고 발톱을 펴서 그를 붙잡았고 앞다리로 그를 끌어 앉고 그의 발에 입을 맞추었습니다.[8] 다니엘이 그 구덩이에서 기도하기 위해 일어나서 하늘을 향해 손을 들었을 때, 사자들도 다니엘을 따라 했습니다. 기도를 받으신 분이 사자들에게 내려오셔서 그들의 입을 막았습니다. 그렇기 때문에 다니엘은 디리오 왕에게 "나의 하나님이 이미 그 천사를 보내어 사자들의 입을 봉하셨으므로 사자들이 나를 상해치 아니했사오니"(단 6: 22)라고 말했습니다. 그 구덩이는 덮개로 덮혀 있었기 때문에 빛이 들어오지 않았으나 사자들은 다니엘로 인해 빛을 보았기에 좋아했습니다. 다니엘이 졸려서 잠 자기를 원했을 때 사자들은 자세를 낮추어서 바닥이 아닌 자기들 위에 눕게 해 주었습니다. 그 구덩이는 창문이 많은 다락방보다 더 환해졌습니다(단 6: 10). 다니엘은 하루에 세 번 기도했던 다락방에서보다 구덩이 속에서 더 많이 기도했습니다. 다니엘이 승리했으므로, 그를 고소했던 자들이 그 구덩이에 던져졌고 사자들은 그들을 잡아 먹었습니다.

다니엘의 기도로 말미암아 70년 전에 잡혀갔던 포로들이 바벨론에서 돌아오게 되었습니다(단 9: 23).

이와 같이 우리의 의로운 신앙의 조상들은 어려운 일을 당할 때마다 기도로 무장했으며, 그것을 통하여 고통으로부터 구원을 받았습니다.

10. 주님께서는 기도에 대해 "너는 기도할 때에 네 골방에 들어가 문을 닫고 은밀한 중에 계신 네 아버지께 기도하라 은밀한 중에 보시는 네 아버지께서 갚으시리라"(마 6: 6)고 가르치셨습니다.

사랑하는 자여, 골방에 들어가 문을 닫고 은밀한 중에 계신 아버지께 기도하라고 말씀하신(마 6: 6) 이유는 무엇입니까? 주님은 문을 닫고 아버지께 기도하라고 말씀하셨습니다. 이 말씀은 우리에게 '네 마음속에서 문을 닫고 은밀하게 기도하라'고 말해 줍니다. 주님이 말씀하신 문이 우리의 입이 아니라면, 과연 무엇을 닫아야 합니까? 사도 바울이 "너희는 주님의 성전"(고전 3: 16)이라고 말했듯이, 여기에 그리스도께서 거하시는 성전이 있습니다. 문 곧 당신의 입이 닫혀 있을 때 그리스도께서 우리의 속사람 안으로, 우리의 집으로 들어 오셔서 불결한 모든 것을 깨끗하게 씻어 주십니다.[10] 이 구절이 이런 상황을 말하는 것이 아니라면, 어떻게 이 구절을 이해할 수 있겠습니까? 집도 없고, 문도 없는 사막에서는 은밀한 기도를 할 수 없습니까? 산꼭대기에서는 기도할 수 없습니까? 주님은 하나님께서 우리의 마음과 생각의 뜻을 알고 계신다고 말씀하셨습니다. "구하기 전에 너희에게 있어야 할 것을 하나님 너희 아버지께서 아시느니라"(마 6: 8).

이사야서에는 "그들이 부르기 전에 내가 응답하겠고 그들이 말을 마치기 전에 내가 들을 것이며"(사 65: 24)라고 기록되어 있습니다. "그들이 부르기 전에 내가 응답하겠고 그들이 말을 마치기 전에 내가 들을 것이며"(사 65: 24).

또 이사야는 악인에 대해 "네가 많이 기도할찌라도 내가 듣지 아니하리니"(사 1: 15)라고 말합니다. 또 "그들이 큰소리로 내게 부르짖을찌라도 내가 응답하지 아니하리라"(겔 8: 18)고 말합니다. 그는 응답되지 않는 악한 기도에 대해서 언급했습니다. 분별력을 가지고 모든 말씀에 귀를 기울여 그 의미를 파악하십시오.

11. 주님은 우리가 분별력을 가지고 들어야 할 다른 내용을 말씀하십니다. 주님은 "두 세 사람이 내 이름으로 모인 곳에는 나도 그들 중에 있느니라"(마 18: 20) 말씀하셨습니다.

사랑하는 자여, 이 말씀을 어떻게 이해해야 합니까? "만약 당신이 혼자 있다면 주님이 당신과 함께 하지 않는다는 것을 의미하는 것입니까? 이 말씀은 그리스도를 믿고 마음속에 그리스도를 모시고 있는 사람들에 대한 말씀입니다. 이 말씀을 통하여 주님은 두세 사람이 모이기 전에도 자기가 그들과 함께 하심을 알게 하셨습니다. 나는 두세 사람이 아닌 수천 명이 그리스도의 이름으로 모였지만, 그리스도가 그들과 함께 하지 않았던 곳에 대해 설명하고자 합니다. 또한 오직 한 사람만 있었지만 그리스도가 그와 함께 했던 것을 보여 주고자 합니다.

이 말씀은 듣는 사람들에게 공정하고 아름다운 말씀입니다. 왜냐하면 "두 세 사람이 내 이름으로 모이는 곳에는 나도 그들 중에 있느니라"고 말씀하셨기 때문입니다. 사람이 그리스도의 이름으로 자기의 영혼을 깨끗이 할 때, 주님이 그 안에 거하시고 하나님은 주님 안에 거하십니다. 따라서 그 사람은 세 인격, 즉 자기 자신과 자기 안에 거하는 그리스도, 그리고 그리스도 안에 거하는 하나님의 세 인격—중 한 인격이 됩니다. 이것은 우리 주님이 "나는 아버지 안에 있고 아버지는 내 안에 있느니라"(요 14: 10-11)고 말씀하신 것과 마찬가지입니다. 또한 주님은 "나와 아버지는 하나이니라"(요 10: 30), "너희가 내 안에 내가 너희 안에 있으리라"(요 14: 20)고 말씀하셨습니다. 또 선지자를 통해서 "내가 저희 가운데 거하며 두루 행하리라"(고후 6: 16)라고 말씀하셨습니다.

12. 사랑하는 자여, 하나님께 기도한 의로운 신앙의 조상들의 심령 속에 하나님께서 어떻게 임재하셨는가를 말하고자 합니다. 모세가 산 위에서 홀로 기도할 때, 하나님이 그와 함께 하셨습니다. 그가 혼자 있었기 때문에 하나님이 그의 기도를 듣지 않았던 것은 아닙니다. 모세의 기도는 열납되어 하나님의 진노를 가라앉게 했습니다.

엘리야 역시 산꼭대기에서 기도했고, 그의 기도는 놀라운 능력을 나타냈습니다. 그의 기도로 하늘이 닫히고 그들의 속박이 풀렸다. 그의 기도는 백성들을 죽음의 손에서 붙들어 주었으며 그들을 스올로부터 벗어나게 했습니다. 그의 기도는 이스라엘의 부정함을 근절시켰고, 세 차례나 서로 다른 상황에서 불을 내려오게 했습니다. 첫번째는 제단 위에 임했고, 두 번은 기도시 귀족들에게 임해 그를 대신해서 복수해 주었습니다. 그는 무릎을 꿇고 기도했고 즉시 응답이 임했습니다. 그러나 큰 소리로 부르짖었던 450명의 바알의 제사장들의 기도는 열납되지 않았는데, 그 이유는 그들이 바알의 이름으로 기도했기 때문이었습니다. 엘리야는 혼자였으나 그의 기도는 열납되었습니다.

마찬가지로 선지자 요나가 스올에서 기도했을 때, 그의 기도는 열납되었습니다.[11] 그는 혼자였으나 그의 기도는 열납되었고 즉시 응답되었습니다.

엘리사 역시 기도하여 스올로부터 누군가를 끌어냈으며, 그를 둘러싸고 있던 악인들에게서 구원을 얻었습니다. 비록 외면적으로 그는 혼자였고 그를 둘러 싼 적은 많았지만, 그는 제자에게 "우리와 함께 한 자가 저와 함께 한 자보다 더욱 많으니라"(왕하 6: 16)고 말했습니다. 그들은 홀로 있었으나 실제로는 혼자가 아니었습니다.

지금까지 제시한 예를 통하여 "두 세 사람이 내 이름으로 모인 곳에는 나도 그들 중에 있느니라"(마 18: 20)고 하신 주님의 말씀을 이해할 수 있을 것입니다.

13. 위에서 언급한 대로, 정신을 위로 향하고, 눈을 아래로 향할 때,[12] 당신은 자신의 속사람 안으로 들어갈 수 있으며 하늘에 계신 아버지께 은밀히 기도하게 됩니다.

나는 당신에게 기도에 대해 모든 것—순수한 기도는 어떻게 응답을 받으며, 순수하지 못한 기도는 왜 응답을 받지 못하는가—을 썼습니다. 우리 중에는 몸을 굽히고 손을 뻗은 자세로 말을 많이 하며 길게 기도하는 사람들이 있는데, 참 기도는 결코 그런 것이 아닙니다. 왜냐하면 그들은 주님이 가르치신 바 "우리가 우리에게 죄 지은 자들을 사하여 준 것같이 우리의 죄를 사하여 주옵시고"(마 6: 12)라고 기도하지만 실제로는 자신의 본분을 지키지 않기 때문입니다. 기도하는 자들은 자기가 하나님 앞에서 제물을 드리고 있다는 사실을 기억해야 합니다. 기도를 하나님께 가져다 주는 가브리엘에게 오점 있는 제물로 인해 수치를 주지 마십시오. 당신이 용서

받기 위해 기도하며 자신이 용서한다고 인정할 때, 먼저 마음속으로 당신이 상대방을 진정으로 용서하고 있는지 생각해 보십시오. 그때 "내가 용서한다"고 인정하십시오. 당신은 하나님께 거짓으로 행동해서는 안 되며 자신이 진정으로 용서하지 않으면서 "나는 용서한다"라고 말해서는 안 됩니다. 하나님은 당신이 속일 수 있는 존재가 아닙니다(민 23: 19). "사람이 사람에게 범죄하면 하나님이 하나님이 판결하시려니와 사람이 여호와께 범죄하면 누가 위하여 간구하겠느냐"(삼상 2: 25).

기도로 당신 자신에게 정죄를 초래하지 마십시오. 다시 주님의 말씀에 귀를 기울여 보십시오.

> 예물을 제단에 드리다가 거기서 네 형제에게 원망들을 만한 일이 있는 줄 생각나거든 예물을 제단 앞에 두고 먼저 가서 형제와 화목하고 그 후에 와서 예물을 드리라(마 5: 23-24).

그러므로 당신이 이미 기도를 시작했다면, 형제에게 노엽게 한 일을 기억하지 마십시오. 그럴 경우, 당신의 기도는 제단 위에 남게 되며, 당신의 제물에 오점이 있기 때문에 가브리엘 천사가 지상에서부터 당신의 기도를 가져가지 않는다는 사실을 유념해야 합니다. 그러나 당신의 기도가 순수하다면 가브리엘은 당신의 기도를 하나님 앞으로 가져갈 것입니다. 만일 그가 당신이 기도하는 말 중에 "저를 용서하옵소서, 그리하면 상대방을 용서하겠나이다" 하는 내용을 발견한다면, 기도를 가지고 올라가는 가브리엘은 그 사람에게 다음과 같이 말할 것입니다. "먼저 너에게 빚진 자들을 용서하라.

그리하면 내가 빚진 자에게 너의 기도를 가지고 가겠다. 너는 가난하지만 일 백 데나리온의 빚을 탕감해 주어라. 그리하면 너의 창조자께서 그의 풍성한 자비하심으로 일천 달란트의 빚을 탕감해 줄 것이며 너에게 어떤 재청구나 이자도 요구하지 않을 것이다(마 18: 23-25)."

당신이 기꺼이 용서한다면, 기도를 제물로 하나님께 가져가는 가브리엘이 당신의 제물을 받아 위로 올라갈 것입니다. 그러나 만일 용서하지 않는다면, 가브리엘은 "나는 너의 부정한 제물을 신성한 보좌 앞으로 가져가지 않겠다"라고 말할 것입니다. 당신은 빚을 청산하기 위해 당신의 제물과 함께 채권자 앞으로 가야 할 것이며, 가브리엘은 당신을 버리고 떠날 것입니다.

선지자의 말에 귀를 기울이십시오: "떼 가운데 수컷이 있거늘 그 서원하는 일에 흠 있는 것으로 사기하여 내게 드리는 자는 저주를 받으리니"(말 1: 14). 그는 또 "이제 그것을 너희 총독에게 드려보라 그가 너를 기뻐하겠느냐 너를 가납하겠느냐"(말 1: 8)고 말하기도 했습니다.

그러므로 기도 전에 당신에게 빚진 자들을 용서하십시오. 그런 후에 기도하십시오. 그러면 당신의 기도는 위로 올라갈 것이며 땅에 남아 있지 않을 것입니다.

14. 선지서에 "이것이 너희 안식이요 이것이 너희 상쾌함이니 너희는 곤비한 자에게 안식을 주라"(사 28: 12)는 말씀이 있습니다.

이 하나님의 안식을 실천하십시오. 그러면 "용서하여 주십시오"라고 말할 필요가 없을 것입니다. 피곤한 자에게 안식을 주고, 병든 자를 방문하며, 가난한 자에게 양식을 주십시오. 이것이 참된 기도입니다. 항상 하나님의 안식을 실천하는 것, 그것이 곧 기도입니다. 성경에는 "이스라엘 자손 한 사람이 모세와 온 회중의 목전에 미디안의 한 여인을 데리고 그 형제에게로 온지라 제사장 아론의 손자 엘르아살의 아들 비느하스가 그를 보고 회중의 가운데서 일어나 손에 창을 들고 그 이스라엘 남자를 따라 그의 막에 들어가서 이스라엘 남자와 그 여인의 배를 꿰뚫어서 두 사람을 죽이니"(민 25: 6-8)라는 기록이 있습니다.

비느하스의 살인은 기도로 간주되었습니다. 다윗은 그에 대해 "때에 비느하스가 일어나 처벌하니 이에 재앙이 그쳤도다 이 일을 저에게 의로 정하였으니 대대로 무궁하리로다"(시 106: 30-31)라고 말했습니다. 비스하스는 하나님을 위해서 그들을 죽였으므로, 그의 살인은 기도로 간주되었습니다.

사랑하는 자여, 하나님의 뜻을 따라 안식을 줄 기회를 만났을 때 "기도할 시간이 되었으니, 기도한 뒤에 행동하겠다"고 말하지 마십시오. 당신이 기도를 마치려 하는 동안 안식을 제공할 기회는 사라질 것입니다. 그렇게 되면 당신은 하나님의 뜻과 하나님의 안식을 실천할 수 없게 되며, 기도를 통해 죄를 범하게 될 것입니다. 하나님의 안식을 실천하십시오. 그것이 기도입니다.

15. "우리가 우리를 살폈으면 판단을 받지 아니하려니와"(고전 11: 31)라는 사도 바울의 말을 들어 보십시오

내 말을 듣고 판단해 보십시오. 당신이 더운 계절에 오랫동안 여행을 하면서 갈증을 느끼고 있을 때에 어느 형제를 만났다고 가정해 보십시오. 당신은 그에게 "내가 갈증으로 매우 지쳐 있으니 시원한 물 좀 주십시오"라고 말합니다. 그런데 그는 "지금은 기도 시간

입니다. 기도를 마친 후에 도와 주겠습니다"라고 대답합니다. 그가 기도하는 동안에 당신은 죽었습니다. 기도하러 가는 것과 지친 당신을 도와 주는 것 중 어느 것이 더 나은 일입니까?

혹은 당신이 오랜 여행 중에 비와 눈과 추위로 기진맥진 했다고 가정해 보십시오. 마침 당신이 친구를 만났는데, 그가 기도 중인지라 똑같은 식으로 행동하여 당신이 죽었다면, 그의 기도가 무슨 유익이 있겠습니까?

주님은 심판 때에 오른편에 서 있을 자와 왼편에 서 있을 자를 갈라놓고, 오른 편에 있는 자들에게 "내가 주릴 때 너희가 먹을 것을 주었고 목 마를 때에 마시게 했고 나그네 되었을 때 영접했고(마 25: 35). 그는 동일하게 왼편에 있는 자들에게 말씀했습니다. 오른편에 선 자들이 하나님 나라로 보내진 반면, 왼편에 선 자들은 그들은 이런 일을 하나도 행하지 않았기 때문에 고통 속으로 보내졌습니다.

16. 기도는 아름다운 것이며, 그 결과는 공정합니다. 기도는 남의 고통을 덜어 줄 때 하나님께 받아들여지며, 그 안에 용서가 있을 때 열납됩니다. 거짓이 없는 기도가 소중한 것이며, 하나님의 능력이 그 안에서 역사 할 때에 기도에는 힘이 있습니다.

사랑하는 자여, 사람은 하나님의 뜻을 행해야 하며, 그것이 곧 기도라는 말을 하고 있습니다. 그것은 기도가 얼마나 탁월한 것인가를 보여줍니다. 그러나 내가 이런 말을 했다고 해서 기도를 등한히 하지 마십시오. 오히려 더욱 기도에 힘쓰며 낙망하지 마십시오. 주님은 "항상 기도하고 낙망치 말라"(눅 18: 1)고 말씀하셨습니다. 우리는 힘써 깨어 있어야 하며 졸음과 잠에서 벗어나야 합니다. 그리고 밤낮으로 경성하며 낙심하지 말아야 합니다.

17. 이제 여러 가지 상황의 기도에 대해 설명하겠습니다. 기도의 상황에는 간구, 감사, 찬양 등이 있습니다. 우리는 간구를 통하여 죄에 대한 하나님의 자비를 구하며, 감사를 통하여 하늘에 계시는 아버지께 감사를 드리며, 찬양을 통하여 그의 섭리를 찬양합니다. 고난 중에 있을 때에 간구의 기도를 드리며, 좋은 것으로 풍성히 공급을 받을 때 그것을 주신 하나님께 감사하며, 마음이 기쁠 때 찬양해야 합니다. 이 모든 기도를 하나님께 드려야 합니다.

다윗은 "내가 주의 의로운 규례를 인하여 밤중에 일어나 주께 감사하리이다"(시 119: 62)라고 말합니다. 또 다른 시편에는 "하늘에서 여호와를 찬양하며 높은 데서 찬양할지어다"(시 148: 1), "내가 여호와를 항상 송축함이여, 그를 송축함이 내 입에 계속하리로다"(시 34: 1)라고 말합니다. 한 종류의 기도만 하지 말고, 모든 종류의 기도를 드리십시오.

18. 사랑하는 자여, 나는 하나님께서는 사람이 힘써 구하는 모든 것을 주신다고 확신합니다. 그러나 위선적으로 기도하는 사람의 기도는 하나님이 기뻐하시지 않습니다. 성경에서는[13] 기도의 제물을 드리는 사람은 그 기도에 흠이 없도록 제물을 점검한 후에 드려야 한다고 했습니다(마 5: 23-24). 그렇게 하면, 당신의 제물은 땅에 남지 않을 것입니다. 위에서 말한 대로 이 제물은 기도를 의미합니다. 다윗은 "감사로 하나님께 제사를 드리며 지극히 높으신 자에게 네 서원을 갚으라"(시 50: 14)고 말합니다. 모든 제물 중에서 최고의 제물은 기도입니다.

사랑하는 자여, 기도에 힘쓰십시오. 기도는 당신의 유익을 위해 하나님과 대화하는 것입니다. 이사야는 이스라엘 백성에게 그들의 죄를 알게 했으며, 그들을 "하나님이 양육한 자녀(사 1: 2)라는 이름 대신 "소돔의 관원들"(사 1: 10)이라고 불렀습니다. 왜냐하면 그들이 자신의 영광을 수치로 바꾸었기 때문입니다. 이사야는 앞에서는 그들을 '내가 양육한 자녀'라고 말했으나, 뒤에서는 "소돔의 관원이요 고모라의 백성"이라고 말했습니다. 그들의 땅이 황무하게 되며 성읍들이 불 탈 것(사 1: 7)이라는 말을 듣지 않았을 때, 그는 그들을 소돔의 관원이요 고모라의 백성이라고 불렀습니다. 그들이 죄사함을 받으려고 제물을 가지고 왔으나, 그들의 죄악이 제사장 엘리의 집의 죄악만큼이나 컸기 때문에 그들의 제물은 받아들여지지 않았습니다. 그러므로 성경은 "엘리 집의 죄악은 제물로나 예물로나 영영히 속함을 얻지 못하리라"(삼상 3: 14)고 말합니다.

이스라엘 백성도 동일한 정죄를 받게 되었습니다. 이사야는 그들에게 "여호와께서 말씀하시되 너희의 무수한 제물이 내게 무엇이 유익하뇨 나는 수양의 번제와 살찐 제물의 기름에 배불렀고 나는 수송아지나 어린 양이나 수염소의 피를 기뻐하지 아니하노라"(사 1: 11-12)고 말했습니다. 그들은 그에게 "당신은 왜 그런 것을 요구했으며, 왜 우리의 제물은 열납되지 않느냐"고 물었고, 선지자는 "너희의 손에 피가 가득함이니라"(사 1: 15)고 대답했습니다. 그들은 "그러면 우리가 어떻게 해야 하느냐?"고 물었습니다. 이사야는 "너희는 스스로 씻으며 스스로 깨끗하게 하여 내 목전에서 너희의 악업을 버리며 악행을 그치고 선행을 배우며 공의를 구하며 학대 받는 자를 도와 주며 고아를 위하여 신원하며 과부를 위하여 변호하라"(사 1: 16-17)고 말합니다.

그들은 "언제 우리가 이러한 일을 행했으며, 우리에게 어떤 일이 일어날 것입니까?"라고 말합니다. 선지자는 "여호와께서 오라 우리가 서로 변론하자"(사 1: 18)고 말씀하셨다고 합니다. 흠 없는 기도를 통하지 않고서 어떻게 사람이 하나님과 대화할 수 있겠습니까? 흠이 있는 기도를 통해서는 하나님과 대화할 수 없습니다. 그 대답으로 그는 "너희가 많이 기도할지라도 내가 듣지 아니하리니 이는 너희 손에 피가 가득함이라"(사 1: 15)고 말했고, 또 "너희 죄가 주홍 같을찌라도 눈과 같이 희어질 것이요 진홍 같이 붉을지라도 양털 같이 되리라 너희가 즐겨 순종하면 땅의 아름다운 소산을 먹을 것이요 너희가 거절하여 배반하면 칼에 삼키우리라 여호와의 입의 말씀이니라"라고 말했습니다(사 1: 18-20).

19. 이사야가 미리 본 신비는 참으로 영광스러운 것이었습니까! 그는 그들에게 "너희 손이 피로 가득함이라"(사 1: 15)고 말했습니다. 그들 및 그 자손들이 책임을 져야 할 피는 곧 그들이 죽인 메시아와 선지자들의 피가 아니겠습니까? 이것이 주홍같이 붉은 피이며, 이것은 그들을 피를 가리킵니다(사 1: 16). 그들의 죄는 물세례에서의 '씻음'과 그리스도의 살과 피에 '참여함'으로써 깨끗하게 될 수 있습니다. 피는 피로 씻어지며, 몸은 몸으로 깨끗하게 됩니다. 죄는 물로 씻겨지며, 기도로 존귀하신 하나님과 대화합니다.

사랑하는 자여, 제사와 제물이 거절되고, 그 대신에 기도가 택함을 받은 것을 보십시오. 이제부터는 순수한 기도를 사랑하며 간구에 힘쓰십시오. 기도를 시작할 때에는 항상 주님의 기도를 해야 합니다. 내가 쓴 모든 것을 힘써 실행하고, 기도할 때마다 당신의 사랑하는 친구를 기억하십시오.

EPHREM

제2장
에프렘

에프렘은 시리아의 탁월한 시인이요 신학자였다. 그는 교부 시대 최고의 시인으로 인정을 받았고, 단테와 견줄 수 있는 유일한 신학자이며 시인일 것이다.1)

불행하게도 6세기 저서인 에프렘의 『전기』는 이집트의 성자 비쇼이를 방문한 것, 가아샤라의 바실을 방문한 것 등과 같은 전설적인 내용으로 가득 차 있기 때문에 이런 내용들을 모두 삭제한다면, 역사적인 내용은 거의 없을 것이다. 증거에 의하면, 그의 부모는 기독교인이었던 것 같다(그의 전기에 의하면 이교 사제였던 아버지는 그가 기독교인들과 교제했다는 이유로 집에서 그를 쫓아냈다고 한다). 그는 부제로서 로마 제국의 동쪽 변경에 있는 니시비스의 교리문답학교에서 대부분의 생애를 보냈다. 에프렘이 세운 세례당이 지금도 남아 있어서 오늘날도 방문할 수 있다.

줄리안 황제가 페르시아 제국의 중심부를 침공하여 죽음을 당한 후에 체결된 평화 협정에 의해 니시비스가 페르시아 제국으로 넘어갔기 때문에, 에프렘은 50대 후반에 니시비스를 떠났다. 에프렘은 예수님과 동시대 인물인 유세비우스(Eusebius) 시대에 이미 널리 알려진 전설을 따라 아브가르 왕의 소유인 에뎃사를 향해 100마일 가량 서쪽으로 가서, 거기에서 생의 마지막 10년을 보냈다. 그의 초기 전기 자료에 보면, 그가 죽기 직전에 기근이 발생했을 때 에뎃사를 위해서 그가 어떻게 구제 활동을 했는지를 알 수 있다.

에프렘의 방대한 저술은 네 종류로 분류된다.

(1) 산문: 여기에는 마르시온, 에뎃사의 바대산, 그리고 마니의 추

종자들을 반박하는 많은 논쟁적인 저서가 포함되며, 창세기 주석과 공관복음 주석이 여기에 속한다.

(2) 예술적인 산문: 잘 알려진 것으로는 『우리 주님에 대한 설교』(*Discourse on Our Lord*)와 최후의 심판에 대한 묵상 형태를 띠고 있는 『푸블리우스에게 보내는 편지』(*Letter to Publius*)가 여기에 속한다.

(3) 설교: 가장 중요한 것은 믿음에 대한 6편의 설교를 모아 놓은 설교집이다.

(4) 찬송: 최소한 500편의 찬송이 현재 남아 있다. 신학자요 시인인 에프렘의 명성은 주로 5세기 초에 여러 개의 단편을 모아놓은 찬양 작품에 의존한다. 이 작품 중 대다수가 남성 합창단을 위해서 쓰여졌다는 것은 매우 흥미로운 일이다.

그는 여러 가지 주제를 다루는데, 그것들은 대체로 성경에서 다루어지는 것들이다. 특히 낙원에 대한 15편의 찬양은 매우 훌륭하다. 그는 그 찬송에서 창세기 설화의 중요성을 드러내는 동시에 낙원의 종말론적인 면을 다룬다.

그가 시인으로서 폭넓은 평판을 얻게 됨으로써 분명히 그가 쓰지 않은 많은 훌륭한 저서들도 그의 것으로 간주되었다. 그의 이름으로 기록된 많은 그리스어 저서들 중에서 분명히 에프렘의 것은 몇 개에 불과하다. 여기에 번역된 두 개의 찬양은 특별히 기도에 대한 것인데, 첫번째 것은 그의 것이 분명하지만, 아르메니아 역으로 알려진 두번째 것은 의심의 요소가 있다. 현재 두번째 저서의 시리아어 판은 남

아 있지 않다.

『믿음에 대한 찬양』(Hymns on Faith, XX)에서 에프렘은 기도와 믿음을 기독교인이 만들 수 있는 것으로 보고 있습니다. 즉 음성으로 믿음의 고백을 해야 하며, 마음으로는 침묵 속에서 기도를 해야 합니다. 자연계 현상을 관찰함으로써 배울 수 있듯이 그렇게 하지 않는다면 결국 죽음을 맞게 될 것입니다. 믿음과 기도, 그리고 진리와 사랑이 조화를 이루기 위해서는 마음이 나뉘어서는 안 됩니다. 한분(īhīdāyā: 독생자)을 위해 한 마음을 보존해야 합니다.

아르메니아어로 보존되어 있는 찬양은 훨씬 더 직접적인 형태로 그 주제에 접근하고 있으며, 주로 능력 있는 기도에 대한 특징적인 많은 예들로 이루어져 있습니다. 이런 예증적인 전개는 아프라하트의 『Demonstration on prayer』와 많은 부분에 있어서 평행을 이루고 있습니다. '하나된 마음'(singlemindedness)이라는 주제는 『Hymns on Faith, XX』에서 끝나고 3연에서 다시 시작됩니다.

No.1
믿음에 대한 찬양 XX

1. 주님, 당신께 내 음성과 믿음을 드립니다. 기도와 간구는 소리 내지 않고 마음에서 잉태되어 침묵으로 드릴 수 있기 때문입니다.

후렴: "당신의 탄생이 복되도다. 이는 당신의 아버지께서 홀로 그것을 아시기 때문이라."

2. 자궁이 태아를 방해하면 어머니와 태아가 모두 죽을 것이라. 주여, 내 입이 나의 믿음을 방해하여, 결과적으로 입은 멸망하고 믿음은 소멸되며, 두 가지가 서로를 해하지 않게 하옵소서.

3. 그 싹이 자라지 못하게 방해하는 나무는 시들게 되며, 새싹이 나올 수 없게 되노라. 만일 수액으로 가득 찬 그 나무의 내부에서부터 열매 봉우리가 나올 때에 내 믿음아 기뻐하십시오.

4. 수분을 흡수한 씨앗은 갑자기 지면을 뚫고 싹을 냅니다. 그 속이 좋은 열매로 가득찬 믿음은 찬양을 결실하는 잎새와 같습니다.

5. 물고기는 바다에서 잉태되어 바다에서 태어납니다. 그것들이

물 속 깊은 곳으로 들어가면 자기들을 잡으려 하는 사람들을 피할 수 있을 것입니다. 마음속의 깊은 침묵 속에서 산만하지 않게 기도에 집중하십시오.

6. 정성어린 간구는 마음의 방에(마 6: 6) 있는 신부와 같습니다. 만일 그녀가 입의 문을 지나가 버린다면, 그녀는 길 잃은 사람과 같을 것입니다.[3] 진리는 그녀의 신방이요, 사랑은 그녀의 면류관이요, 정적과 침묵은 그녀의 문 앞에 서있는 충실한 내시입니다.

7. 그녀는 왕의 아들과 약혼하였습니다. 그녀가 맘대로 나가지 못하게 하십시오. 그러나 공적으로 신부인 믿음은 음성의 호위를 받아, 입에서 신방까지 인도되어야 합니다.

8. 성경은 주님을 믿었던 많은 사람들이 있었다고 기록하고 있지만, 그들의 음성은 두려움으로 믿음을 욕되게 했습니다. 비록 그들의 마음은 죄를 고백했지만, 하나님은 신앙을 부인한 사람과 더불어 침묵을 지킨 사람들을 응시하셨습니다.

9. 요나는 소리내지 않고 기도했습니다(욘 2). 그는 물고기 뱃속에서 침묵했습니다. 그의 기도는 그 말 못하는 피조물로부터 흘러나왔으며, 높은 곳에 계신 그 기도를 들으셨습니다. 이는 그의 침묵은 하나의 외침과 같은 역할을 했기 때문입니다.

10. 기도와 믿음은 하나의 형태로 발견되는데 기도는 숨겨진 부분이요, 믿음은 드러난 부분입니다. 기도는 은밀한 분을 위한 것이요, 믿음은 다른 사람들의 눈에 보이는 것입니다. 은밀한 기도는 하나님의 은밀한 귀를 향해 기도하는 것이요, 믿음은 인간의 보이는

귀에 대고 하는 것입니다.

11. 우리의 기도는 우리 몸 안에 있는 숨겨져 있는 하나의 맛과 같은 것이지만, 그것이 믿음의 향기를 충분히 발하십시오. 모든 향기를 시험할 수 있는 용광로를 가지고 있는 사람에게는 향기가 맛의 전령 역할을 합니다.

12. 진리와 사랑은 분리될 수 없는 날개와 같습니다. 그러므로 진리는 사랑 없이 날 수 없으며, 사랑은 진리 없이 높이 날 수 없습니다. 이 둘의 관계는 일종의 우호 관계입니다.

13. 눈의 두 눈동자는 함께 보며 함께 움직입니다. 비록 그 둘은 코를 중심으로 떨어져 있지만 결코 분리되어 있지는 않습니다. 한쪽 눈이 순간적으로 깜박일 때에 다른 한쪽 눈의 주의를 피할 수 없습니다.

14. 발은 다른 방향으로 가기 위해 나뉘어진 적이 결코 없습니다. 그러나 마음은 일단 갈림길을 만나면 나뉘어집니다. 즉 마음은 어둠과 빛의 두 길에서 자신이 선택한 방향과는 반대 방향으로 나가게 됩니다.

15. 그래서 사람의 발과 눈은 사람의 마음이 분리된 것을 책망합니다. 마음은 마치 똑같이 나뉘어져 고생하는 소와 같습니다. 왜냐하면 그것은 정의의 멍에와 불의의 멍에라는 두 개의 멍에로 나누어졌기 때문입니다.

16. 이런 인간이 자기의 뜻을 저주받은 농부에게 복종시켰다. 그는 무거운 멍에를 매고 오류를 끌며, 죄의 막대기가 계속하라고 그

에게 요구하는 동안 밀밭에 가시를 뿌리며 경작합니다.

17. 기도로 어두운 생각을 깨끗이 씻어내며, 믿음으로 외부적인 감각들을 깨끗이 씻으십시오. 마음이 나뉘어진 사람은 스스로 마음을 모으고 주님 앞에 한 마음이 되십시오.[4]

No. 2
아르메니아어로 보존된 찬양 I

1. "주여, 우리가 간구의 기도를 드릴 때, 우리에게 보화의 문을 열어 주소서. 우리의 기도가 사신 역할을 하게 하시며, 우리로 거룩하신 당신과 화목을 이루게 하소서. 지혜로운 자들아, 들으라(잠 4: 5). 지식있는 자들아, 귀를 기울이며 네가 훈계를 받아 지혜롭게 되었음을 생각하며 지혜와 명철을 얻으라. 내가 네 앞에서 거룩한 기도의 응답을 말하리라."

2. 기도로 홍해가 갈라져(출 14: 22) 백성들이 그 가운데로 지나갈 수 있었습니다. 동일한 기도로 말미암아 바다가 다시 합쳐져 패역하고 불경건한 바로를 삼켰습니다(출 14: 28). 기도로 말미암아 하늘에서 만나가 내려왔고, 바다에서 메추라기가 몰려왔으며(출 16), 기도로 말미암아 사막에서 바위에서 물이 솟아나 목마른 자에게 물을 마시게 되었습니다(출 17: 1-7).

3. 믿음과 기도와 가까운 친구가 된 사람은 복된 사람입니다. 그는 하나된 마음으로 생활하며, 기도와 믿음이 자기와 함께 머물도

록 합니다. 마음에서 나오는 기도는 우리를 위해 천국문을 여는 역할을 합니다. 그 사람은 앉아서 하나님과 교제하며, 하나님의 아들에게 기쁨을 줍니다. 기도는 주님의 분노와 그의 진노의 불길을 평화로 만든다. 또한 마찬가지로 눈에서 흐르는 눈물은 긍휼의 문을 열게 합니다.

4. 믿음과 기도에 탁월한 전사들을 와서 보십시오. 기도는 태양을 기브온에 멈추게 했으며, 달을 아얄론 들판에 멈추게 했습니다(수 10: 12-13). 기도를 통하여 난공불락의 도시, 여리고성의 성벽이 무너져 내렸으며(수 6), 아말렉과 그 왕을 전멸시켰다(출 17: 8-13). 또한 기도를 통하여 마돈, 시혼, 옥, 그리고 그들의 모든 왕비와 시스라를 살육했으며(삿 4; 수 11: 1), 그 땅을 하나님의 백성인 이스라엘에게 유업으로 주었습니다(민 21: 21-35).

5. 형제여, 믿음과 기도가 어떤 결과를 가져 왔는지를 당신에게 보이십시오. 기브온에서 태양을 머물게 한 기도가 우리를 악에서 건져낼 수 있으며, 아얄론 들판에서 달을 멈추게 하고 난공불락의 도시인 여리고 성의 성벽을 무너뜨리며 아말렉 족속과 그 왕을 격퇴시킨 분은 사탄의 세력을 격퇴시켜 산산조각으로 만들 수 있을 것입니다.

6. 기도로 말미암아 이스라엘 백성에게 만나가 내려 왔으며, 동일한 기도로 말미암아 의인이 보호를 받았습니다. 하늘을 닫게 했던 기도가(왕상 18: 41-5) 다시 하늘을 열게 했습니다(왕상 17: 1). 기도로 하늘에서 불이 내려와 제물을 태워 버렸으며, 물을 핥아버렸습니다(왕상 18: 38). 450명의 바알 제사장들이 붙잡혀 죽임을 당

했습니다(왕상 18: 40).

7. 엘리야는 40일 동안 호렙산 굴속에서 기도했으며, 공공연히 하나님과 교제했습니다(왕상 19: 3-13). 불수레와 불말이 내려와 그를 취하여 그를 사랑하시는 하나님께 데려갔습니다(왕하 2: 11). 하늘의 파숫꾼들은 그 선지자가 육신의 모습으로 승천함을 기뻐했습니다.

8. 기도는 구덩이 안에 있는 사자의 입을 막았으며, 이로 인해 의인 다니엘은 해를 입지 않았습니다(단 6). 기도로 말미암아 다니엘의 세 친구는 풀무불 속에서도 보호를 받았습니다(단 3). 또 기도를 통하여 말랐던 태의 문이 열려 후손을 낳게 되었습니다(삼상 1: 19-20). 이런 것들이 모두 기도와 믿음이 계속적으로 일으킨 이적들이며, 이것들보다 더 놀라운 일도 있습니다.

THE BOOK OF STEP

제3장
단계의 책

익명으로 된 『단계의 책』(*Book of Steps*, 혹은 *Ascent*)은 30편의 설교 혹은 담화로 이루어져 있으며, 시리아 문학 중에서 가장 초기에 속하는 것으로서 영성 생활의 좀더 성숙한 단계를 구체적으로 다룬 작품이다. 티그리스 강으로 흐르는 자브 강에 대한 언급이 몇 번 나오는 것으로 보아 이 글의 저자는 아프라하트와 마찬가지로 로마 제국 밖에서 생활하고 있던 페르시아 기독교를 대표하는 인물이었을 것이다. 아마 그는 4, 5세기 초에 활동했을 것이다.

『단계의 책』(*Book of Steps*)은 보통 메소포타미아를 배경으로 기록된 것으로 되어 있는 『마카리우스의 설교집』(*Macarian Homilies*)과 여러 면에서 공통되는 특징이 있다. 그러나 직접적인 문자적 관련은 없다. 어떤 현대 학자들은 위의 두 저서를 메살리아 파(Messalian)의 것으로 간주하지만 두 저서 중 어디에도 메살리아 파의 이단적 가르침은 나타나지 않는다. 이 원문들은 메살리아파의 경향이 나타나기 쉬웠던 은사 공동체의 것으로 보아야 할 것입니다. 『단계의 책』(*Book of Steps*)이 메살리아파의 것과 다른 점은 특히 아래 번역된 *Discourse* X에서 분명히 발견할 수 있다. 이 책에서는 가시적 교회와 성례의 중요성을 강조하는데, 이것은 메살리아파의 경향과는 완전히 반대가 되는 것이다.

『단계의 책』에서 처음부터 끝까지 다루는 주제는 복음서에 기록된 두 가지 명령의 차이점이다. 첫째는 황금률로 요약되는 작은 명령인데, 그것은 자기가 싫어하는 것을 남에게 하지 말고, 남이 자기에게 해 주기를 원하는 대로 만나는 사람들에게 행하라는 것이다(마 7:

12: 눅 6: 31). 이 작은 명령의 주안점은 적극적인 사랑의 삶이며, 이것을 지키는 사람들은 의로운 사람이라고 불린다. 그러나 온전해지고 성령으로 충만해지기를 원하는 사람들은 또한 큰 명령을 지켜야 하는데, 그것은 가족, 결혼, 그리고 소유 등을 완전히 포기하는 것과 관련이 있다. 이런 '자기 비움'은 예수께서 스스로 자신을 비우셨던 모범을 따라 되어져야 한다(빌 2: 7). 작은 명령이 '젖'이라면, 큰 명령은 성숙하고 온전한 사람을 위한 '단단한 음식'이라 할 수 있다(히 5: 14).

Discourse XII의 내용 중 '감추인 교회와 가시적 교회의 사역에 대하여'(On the ministry of the hidden and the manifest Church)에서는 젖과 단단한 음식의 차이를 예를 들어 설명한다. 가시적 교회에서는 세례를 통하여 남자와 여자를 하나님의 자녀로 태어나게 하며, 그들은 젖을 뗄 때까지 교회의 젖을 빨아먹는다. 그러나 그들이 성장하면 그들의 몸이 성전이 되고 그들의 마음은 제단이 됩니다. 그들은 젖보다 나은 단단한 음식을 섭취하여 온전해지며, 진리 안에서 주님을 양식으로 삼는다. 기독교인의 성장은 깨달음 속에서 성장하는 것으로 보이며, 가시적 교회의 역할로 인해 가능한 진리의 발견은 마음 속에 불가시적 교회를 이루게 한다. 그리고 이러한 발견은 천상 교회에 대한 깨달음에 이르게 하는데, 그리스도와 사도들은 이 천상 교회를 가시적 교회의 모범으로 삼았다.

천상 교회의 본질과 역할을 깨닫게 됨으로써 성장 과정에 있어서 출발점이 되는 가시적 교회의 중요성과 가시적 교회에서 행하는 성

례의 실체를 깊이 이해할 수 있다. 그러므로 성숙하고 온전한 자는 이것이 무엇을 의미하는지 그 의미를 온전히 깨달으며 진리 안에서 우리 주님 자신을 양식으로 삼아야 한다.

여기 번역된 두번째 부분인 *Discourse* XVIII의 제목은 '눈물의 기도에 대해서' (On the tears of prayer)이다. 이 글은 죄를 회개하는 과정에 있어서 눈물의 치료적이며 정결하게 하는 역할과 그것과 함께 공존하는 하나님으로부터 격리되어 있다는 격리감에 관심을 기울인다. 이러한 현상은 자신이 하나님과 떨어져 있었다는 깨달음으로 인해 생기는 슬픔의 눈물로부터 시작하여 하나님이 다시 자기를 가까이 끌어 주셨다는 깨달음에서 오는 기쁨의 눈물에 이른다. 이것은 마치 사람이 기대하지도 않았던 친한 친구를 만나서 머리를 떨구고 흐느껴 울며 기쁨의 눈물을 흘리는 것과 같다(XVIII.2).

설교 12
불가시적 교회와 가시적 교회의 사역에 대하여

1. 형제들이여, 우리는 마음에 은밀한 자기 비움[1]이 있을 때 세상을 떠나 천국에 올라가게 된다고 믿고 있으므로 우리의 육적인 소유와 기업 또한 비워야 합니다. 그리하면 우리는 모든 사람에게 생명을 주시는 분의 명령을 계속 지킬 수 있으며, 우리 주님 안에서 그를 계속 생각하는 사람이 마음의 은밀한 기도를 소유할 수 있다는 것을 알 수 있을 것입니다.

예수께서는 몸과 영을 축복하시고 몸과 영으로 기도하셨고, 사도들과 선지자들 역시 그랬던 것처럼, 우리는 마음으로만 아니라 몸으로도 기도하자. 우리는 부모의 말씀을 청종하지 않는 어리석은 사람이 되어서는 안 됩니다. 우리는 영적인 부모를 잃어서는 안되며, 육신에 속하는 거짓 부모를 받아들여서도 안 됩니다. 그들은 우리를 주님의 진리와 주님을 전하는 사람들로부터 멀리 떨어지게 할 것입니다.

우리는 마음의 은밀한 금식, 즉 악한 생각으로부터의 금식이 있다는 것을 알고 있으므로, 주님께서 금식하셨고, 주님을 전했던 자들이 했던 것처럼 우리 또한 공공연하게 금식해야 합니다. 또한 우리는 몸이 보이지 않는 성전이 되며, 마음이 영으로 섬기는 보이지 않는 제단이 되는 것을 알고 있으므로 보이지 않는 제단과 보이지 않는 성전에서 우리의 열심을 나타내야 합니다. 우리가 이렇게 열심을 낼 때 우리는 자유롭고 광대한 천상의 교회에서, 그리고 영으로 존귀와 영광을 받는 천상의 제단에서 영원히 안식을 누릴 수 있을 것입니다. 그 앞에서 천사들과 모든 성자들은 섬길 것이며, 그러는 동안 예수님은 제사장으로 활동하시며 그들 앞에서, 위에서, 사방에서 성화[2]를 완성하실 것입니다.

그리고 우리는 예수 그리스도 안에서 세례를 받고 은밀한 방법으로 순결하게 됨으로 온전한 사람이 된다는 것을 알고 있으므로, 가시적 세례에 대한 확고한 믿음을 가져야 합니다. 그것은 성령의 세례이며, 그것을 믿고 세례를 받으며 선한 일을 행하는 모든 사람은 죄사함을 얻게 됩니다.

2. 우리 주님과 주님을 증거한 전도자들이 육적인 눈으로 볼 수 있는 가시적 교회, 제단과 세례를 아무 목적 없이 제정한 것은 아닙니다. 이것을 제정한 이유는 이것들을 통하여 우리의 몸이 성전이 되고 우리의 마음이 제단이 될 때, 우리가 아직 가시적 교회에 머무는 동안 그곳에 드나들면서 눈으로 볼 수 없는 하늘에 속한 것들은 발견할 수 있기 때문입니다. 그곳에서 사제와 사역자들은 주님과 주님의 증거자들이 행한 금식 기도와 인내를 따르는 모든 사람들에게 본을 보이는 역할을 합니다. 이것을 행하며 가르치자. 우리가 겸손하게 되어 모든 사람들에게 호의를 보인다면, 천상적 교회와

영적인 제단이 우리에게 드러날 것이며, 우리는 그 제단 위에서 가시적 제단을 항상 믿어서 마음의 기도와 육체의 간구로 감사의 예배를 드릴 수 있을 것입니다. 왜냐하면 이 교회에 있는 모든 것은 불가시적인 교회의 모양을 따라 제정된 것이기 때문입니다.

그러나 만약 우리가 가시적 제단, 가시적 사제, 용서를 가져오는 가시적 세례, 그리고 가시적 교회를 의심하고 업신여긴다면, 우리의 몸은 성전이 될 수 없을 것이며, 우리의 마음은 제단이나 찬양의 샘이 될 수 없을 것입니다. 또한 우리가 스스로에게 제단과 빛과 사제들이 있는 천상 교회를 나타낼 수 없을 것입니다. 그곳에는 마음이 깨끗한 모든 성도들이 모여 있는데, 그들은 영광 중에 거하며 빛 속에서 기뻐합니다.

이 가시적 교회는 모든 사람이 볼 수 있습니다. 제단, 세례, 그리고 사제 제도는 주님에 의해서 제정된 것입니다. 왜냐하면 그 안에서 우리 주님이 기도했으며 그의 사도들도 그 안에서 세례를 받았고[3] 그들은 그 안에서 진실로 제사장으로 섬기면서 주님의 살과 피를 제물로 드렸기 때문입니다. 이것은 진리 안에 있는 교회이며, 모든 사람을 영적인 아이로 양육하는 복된 어머니입니다. 마찬가지로 우리 주님이 거하시는 몸과 마음은 우리 주님이 거기에 거하고 있기 때문에 진리 안에서 성전이요 제단입니다. 성경은 기록하기를, 너희 몸은 너희가 하나님께로부터 받은바 너희 가운데 계신 성령의 전인 줄을 알지 못하느냐(고전 6: 19)고 합니다.

모든 선한 것이 하늘에 있는 교회에서부터 시작됩니다. 거기로부터 사방으로 우리에게 빛이 비추입니다. 지상의 교회도 그 형상을 따라 존재하게 되었고, 사제와 제단과 함께 생기게 되었습니다. 그 사역의 형태를 따라 몸은 표면적으로 섬기며, 마음은 내적으로 사제[4] 역할을 합니다. 가시적 교회에서 부지런한 사람들은 하늘에 있는 천상 교회에서도 부지런하게 됩니다. 이것이 가시적 교회가 중요한 이유이며, 세례받은 모든 사람들의 어머니가 되는 이유입니다. 그러나 더욱더 중요한 이유는 주님이 그 교회 위에 빛을 비추시며 조명하시기 때문입니다.

3. 이 교회 및 그 제단과 세례는 사람들을 영적 자녀로 태어나게 하며, 그들은 젖을 뗄 때까지 우유를 먹습니다. 그들은 성장하여 몸과 마음에 대한 지식을 알게 되며, 이것을 통하여 그들은 자기들의 몸을 성전이 되게 하며 마음을 제단이 되게 합니다. 그들은 온전해질 때까지 우유보다 더 나은 단단한 음식을 먹으며 주님이 나를 먹는 자는 나를 인하여 살리라(요 6: 58)고 친히 말씀하신 것처럼 주님 자신을 섭취합니다. 그들이 진리의 음식을 먹게 되면—단단한 식물은 장성한 자의 것이니 저희는 지각을 사용하므로 연단을 받아(엡 3: 18) 능히 그 넓이와 길이와 높이가 어떠함을 깨닫는다(히 5: 14)라고 말했듯이—그들은 자신을 온전하게 하는 하늘에 있는 교회에 이르게 되며, 왕 되신 예수님의 도성에 들어가게 됩니다. 그들은 거기에서 모든 산 자와 온전한 자의 어머니인 광대하고 온전한 곳에서 예배를 드립니다.

그러므로 우리는 모든 사람들을 영적인 자녀로 양육하는 가시적인 교회를 업신여겨서는 안 됩니다. 또한 마음의 교회를 업신여겨서도 안 됩니다. 그곳은 모든 병든 자를 강하게 하는 곳입니다. 그리고 우리는 모든 성도를 온전하게 하는 하늘의 교회를 사모해야 합니다.

4. 이 세 교회와 이들의 사역은 생명을 소유하며, 교회의 영광이 사역의 영광보다 훨씬 큽니다. 마음의 교회와 천상의 교회에 이르지 못하고 지상 교회에서 섬기다가 죽는 사람은 죄 없이 이 세상을 떠납니다. 그는 의로우며 그의 선한 행위가 그와 동행합니다. 그러나 마음의 교회에서 죽는 사람이 훨씬 더 좋다. 마음속에 하늘에 있는 교회를 소유한 사람이 죽는 자의 영혼은 복이 있도다! 그는 온전해질 것이며 우리 주님을 얼굴과 얼굴을 맞대고 볼 것입니다. 사람은 가시적 교회에서 애씀으로 자기 스스로가 마음의 교회와 하늘에 있는 교회에 있음을 알게 될 것입니다. 마찬가지로 어떤 사람이 보이는 물로 세례를 받을 때, 보이지 않는 불과 성령의 세례를 받습니다(마 3: 11).

또한 믿음을 소유한 사람은 사랑하게 되며, 사랑하는 사람은 온전하게 될 것이며, 온전해진 사람은 왕노릇을 할 것입니다.[5] 이처럼 보이는 세례를 받지 않은 사람은 불과 성령으로 세례를 받을 수 없으며, 보이는 교회가 없다면 어떤 사람도 마음의 교회나 하늘에 있는 교회에 들어갈 수 없을 것입니다. 그것은 누군가가 가시적 교회를 떠나서 산에서 섬긴다면[6] 그는 자신이 죄인이거나 길을 잃었음을 증명하는 것이 될 것이기 때문입니다. 그러나 그가 어디에 있든지 생명은 교회 안에 있으며 그 교회의 언약을 깨뜨리지 말아야 한다는 것을 확실히 알아야 합니다.

5. 어린 아이를 양육하는 보모가 우유보다 더 나은 빵을 먹으라고 가르치는 것처럼, 가시적 교회는 자녀들에게 좀더 낫고 훨씬 좋은 것을 먹으라고 가르칩니다. 그것을 먹음으로 그들은 성장합니다. 아이를 양육하는 보모에게 다른 음식이 없다고 가정해 보자. 그

러나 그 아이는 음식을 먹기에는 너무도 연약한 아이입니다. 그런 경우에 그 아이에게는 우유가 적당할 것입니다. 가시적 교회에서 역사하는 성령이 마음에서 하늘에서 역사하는 성령보다 약한 것은 아닙니다. 왜냐하면 성령은 세 곳에서 동일하게 역사하기 때문입니다. 그러나 아담의 후손들은 너무도 연약하기 때문에 만약 교회가 그들을 자녀처럼 양육하지 않는다면 단단한 음식을 먹을 수 없을 것입니다.

그러나 30세 된 자녀, 생후 3개월 된 자녀 등 많은 자녀를 키우고 있는 보모가 어떻게 한 가지 음식만을 그들 앞에 차려 놓을 수 있겠습니까? 만일 그녀가 딱딱한 음식만 차려 놓는다면 30세 된 자녀는 성장하겠지만 3개월 된 아이는 죽을 것입니다. 반대로 만일 우유를 차려 놓는다면 30세된 자녀는 고통 속에서 죽겠지만 3개월 된 아이는 튼튼히 자랄 것입니다. 이것이 바로 우리 주님과 모든 자들을 섬기는 설교가들이 3개월 된 아이를 향하여 "간음자들과 음행자들과 함께 먹지 말고 술 취한 자들과 저주받은 자들 혹은 악한 사람들과 함께 먹지 말라"고 한 이유입니다. 30세 된 자에게는 "아무도 속되다 하거나 깨끗치 않다 하지 말라(행 10: 28) 약한 자들에게는 약한 자들과 같이 되고 여러 사람에게 여러 모양이 되라"(고전 9: 22)고 말씀하신 이유입니다. 겸손한 마음으로 각각 자기보다 남을 낫게 여기십시오(빌 2: 3). 그리하면 당신은 성장할 것입니다.

6. 그들은 모든 것을 각 사람에게 적합하게 맞추어 가르쳤습니다. 만일 30일 된 아이가 악인의 집으로 간다면, 그는 타락할 것입니다. 그러나 만일 30세 된 사람이 악인의 집으로 간다면, 그는 그들을 회심시킬 것입니다. 그리고 그들을 회심시키지는 못하더라도 그 자

신은 영적으로 성숙한 사람이기 때문에 타락하지는 않을 것입니다.

또 그들은 본성이 어리고 미숙한 사람들에게는 힘을 회복할 때까지 일하고 나서야 먹으라고 가르칩니다(살후 3: 12). 사도 바울이 염려한 것은 양식에 대한 것이 아니었습니다. 그가 염려했던 것은 그런 사람이 보이지 않는 일을 어떻게 하는지도 모르면서 보이는 일을 중단했을 때 자신이 기독교인임을 잊어버리고 혹시 어리석음과 사기, 그리고 비방을 배워서 허탄하고 망령된 신화에 빠지지 않을까 하는 것이었습니다(딤전 4: 7; 엡 5: 4).

반면에 정신적으로 성숙했으며 심성적으로 단련되어 보이지 않는 일을 어떻게 감당해야 하는지를 아는 사람에 대해서, 주님과 주님을 전하는 자들은 "목숨을 위하여 무엇을 먹을까 무엇을 입을까 무엇을 마실까 몸을 위하여 무엇을 입을까 염려하지 말라"(마 6: 25; 눅 12: 22), "위엣 것을 생각하고 땅엣 것을 생각지 말라"(골 3: 1-2)고 말합니다.

이러한 사람은 모든 자에게 생명을 주시는 이를 기쁘게 하라고 사람들을 훈계하며 달래며 권면하며 가르칠 수 있습니다. 그런 사람은 사람들로 하여금 허탄한 신화와 농담과 부적절한 웃음, 그리고 나쁜 말과 악한 행동을 못하도록 해야 할 것입니다. 그런 행동은 매우 유익한 것이기 때문에, 우리 주님은 모든 사람에게 도움을 주는 사람이 땅에서 고생하는 것을 허락하지 않으십니다. 우리 주님은 시몬에게 말씀하셨듯이, "네가 나를 사랑한다면 내 양을 먹이라"(요 21: 15-17)고 그들에게 말씀하십니다. 그리스도의 양떼를 먹이는 사람은 그 일을 버리고 보이는 땅에서 쟁기를 가지고 일할 수 없습니다. 그는 자기에게 맡겨진 양무리를 모아들이고 지키며 달랠 것입니다. 그는 마지막 날 "내 양을 치라"고 명하신 분 앞에 부끄럼 없는 얼굴로 서게 될 것입니다.

7. 하늘에 있는 교회에 들어간 사람은 복된 사람입니다. 그 교회 안에서 우리 주님은 마치 보이는 태양이 우리 육체를 이루는 보이는 교회와 성전 위에 빛을 발하듯 빛을 비추십니다. 그러나 태양이 이것들을 비추지 않는 일은 있을 수 있으나, 우리 주 예수 그리스도의 얼굴 빛이 교회에서 떠나는 일은 결코 없을 것입니다.

주님은 모든 곳에 계시지만, 그분은 하늘에 있는 교회에서만 공공연하게 볼 수 있으며, 자신을 낮추어 안식[7]에 들어간 사람과 모든 자에게 온유한 사람, 악한 영과 싸워 싸움을 마친 사람, 그리고 사도 바울이 우리의 씨름은 "혈과 육에 대한 것이 아니요 정사와 권세와 이 어두움의 세상 주관자들과 하늘에 있는 악의 영들에게 대함이라"(엡 6: 12)고 한 것처럼, 마음에서 악한 생각을 제거하여 정결하게 한 자들만 주님을 볼 수 있습니다. 사탄과 싸워 물리친 자들은 모든 것 위에 있으며 주님이 공공연하게 빛을 발하시는 이 교회에 들어갈 자격이 있으며, 그 안에서 그들은 주님의 영광스런 빛을 받게 됩니다(시 4: 6). 우리 주님께서는 마음이 청결한 자는 복이 있나니 저희가 하나님을 볼 것임이요(마 5: 8)라고 말씀하셨습니다.

각 사람의 공로에 따라 각기 다른 축복과 다른 장소가 있겠지만, 모든 악하고 더러운 생각으로부터 정결하게 된 자들만이 들림을 받아 그 위대한 곳에 이르며 그것을 볼 수 있습니다. 그들은 우리 주님과 함께 영화롭게 되며 축복을 받습니다.

여호와의 산에 오를 자가 누구이며 그 거룩한 곳에 설 자가 누군고 손이 깨끗하며 마음이 청결하며 뜻을 허탄한 데 두지 아니하며 거짓 맹세치 아니하는 자로다 저는 여호와께 복을 받고 구원의 하나님께 의를 얻으리로다(시 24: 3-5).

이것이 하늘에 있는 교회입니다. 세세토록 우리 주 예수 그리스도를 찬양하리로다. 아멘!

담론 XVIII
눈물의 기도에 대하여

1. 나의 자녀여, 내가 말하려는 것을 이해하십시오. 슬퍼서 흘리는 눈물이 있고, 기뻐서 흘리는 눈물이 있습니다. 그래서 예수께서도 너희는 곡하고 애통하겠으나 세상은 기뻐하리라 너희는 근심하겠으나 너희 근심이 도리어 기쁨이 되리라(요 16: 20)고 말씀하셨습니다. 어떤 사람은 죄 때문에 눈물을 흘리기도 하는데, 그것은 좋은 일입니다. 그래서 성경은 "하나님의 뜻대로 하는 근심은 후회할 것이 없는 구원에 이르게 하는 회개를 이루는 것이요"(고후 7: 10)라고 기록하고 있습니다. 또 어떤 사람은 죄를 이기고 죄악된 행동으로부터 돌이켜서 선을 행하기도 합니다. 그들은 기쁨 속에서, 큰 은혜를 베푸시고 죽음의 노예 상태로부터 건져내주신 하나님에 대한 사랑때문에 눈물을 흘립니다. 왜냐하면 다윗이 "이 날은 여호와의 정하신 것이라 이 날에 우리가 즐거워하고 기뻐하리로다"(시 118: 24-25)라고 말했던 것처럼 그들은 스스로를 낮추고 주님의 명령에 순종했기 때문이었습니다. 우리 구원의 날에 기쁨으로 춤을 추십시오!

어떤 사람이 죽음의 속박에서 구원을 받을 때, 그는 슬픔이 아닌 기쁨 속에서 주님을 섬기게 됩니다. 다윗은 이것을 "기쁨으로 여호와를 섬기며 노래하면서 그 앞에 나아갈찌어다"(시 100: 1)라고 설명합니다. 그리고 또 "여호와를 경외함으로 섬기고 떨며 즐거워할찌어다 그 아들에게 입맞추라. 그렇지 아니하면 진노하심으로 너희가 길에서 망하리니 그 진노가 급하심이라 여호와를 의지하는 자는 다 복이 있도다"(시 2: 11)라고 말합니다.

그는 그들을 죄에서 구원하실 것이며, 그들은 죄를 떠나 주 예수의 사랑 안에서 온전한 사람으로 될 것입니다. 그들은 그와 함께 크고 두려운 날에 영화롭게 될 것이다

2. 나는 눈물이라는 주제에 대해서 언급하고 있습니다. 한 사람이 자기의 사랑하는 친구가 멀리 떠났기 때문에 눈물을 흘립니다. 만일 그 사람이 눈물을 흘리지 않는다면, 그는 친구를 사랑하지 않거나 혹은 슬프지 않은 것 중 하나일 것입니다. 그러나 일단 실제로 그의 사랑하는 친구를 만나 서로 얼굴을 대면했을때도 그는 눈물을 흘릴 것입니다. 그의 눈물은 가까이에 있는 모든 사람이 보는 앞에서 친구의 목에 흘러내릴 것입니다. 만날 것이라고 기대하지도 않았던 사랑하는 친구를 만났을 때, 그는 많은 눈물을 흘리며 흐느낄 것입니다.

범죄하여 주님과 주님의 의로부터 멀리 떠난 사람의 경우에도 동일합니다. 마치 어떤 사람이 친구로부터 멀리 떨어져서 그를 생각하며 슬퍼하는 것처럼, 그들은 슬픔으로 눈물을 흘립니다. 이들은 주님의 심판을 두려워하기 때문에 자기의 죄로 인해 슬퍼합니다. 그래서 그들은 하나님께서 자기에게 긍휼과 용서를 베풀게 하

기 위해서 눈물을 흘립니다.

만일 그들이 죄로부터 돌이켜서 의롭게 된다면, 그들은 우리 주님께 가까이 나아갈 수 있으며 그들의 눈물은 기쁨의 눈물로 바뀔 것입니다. 그리고 죄의 용서를 받아 죄로부터 구원을 얻은 그들이 우리 주님을 만날 때, 그들은 마치 만날 것이라고 기대하지 않았던 사랑하는 친구를 만난 사람이 그의 목을 껴안고 기쁨으로 흐느끼며 눈물을 흘리듯이, 기쁨으로 눈물을 흘릴 것입니다.

따라서 바울이 "오호라 나는 곤고한 사람이로다. 예수 그리스도 안에 있는 하나님의 은혜에서 떠나 있는 이 사망의 몸에서 누가 나를 건져내랴"(롬 7: 24-25)고 했던 것처럼, 우리를 죄에서 구원하시도록 주님께 기도하며 죄를 짓지 않도록 힘써야 합니다.

3. 그러므로 눈에 보이는 모든 것은 순간적인 것임을 알고 뒤에 남겨 두고, 외적인 죄를 피하십시오. 우리가 일단 보이는 죄을 끊어 버리면 우리 안에 거하는 죄(우리 마음속에서 죄가 만들어 내는 악한 생각들)와의 싸움에서 유리한 위치를 차지할 수 있습니다. 그리고 우리 주님께서 행하신 것처럼 기도하면서 우리를 기다리는 그 싸움을 향하여 달려갈 수 있습니다.

바울은 우리 주님의 모습을 이렇게 기록하고 있습니다. 예수는 자기를 죽음에서 능히 구원하실 이에게 심한 통곡과 눈물로 간구와 소원을 올렸고 그의 기도는 응답되어 그는 온전하게 되었습니다(히 5: 7, 9).

주님은 우리에게 동일한 것을 가르치십니다. 우리가 전혀 외적인 죄가 없게 되었을 때, 우리는 주님이 말씀하시고 행했던 것처럼 기도의 투쟁에 나아가야 합니다.

바울은 주님 안에 있는 형제들에게 에바브라가 저희를 위하여 애써 기도하고 있다고 말했습니다(골 4: 12). 이것이 바로 우리 주님께서 고민중에 기도하시며 땀방울이 피방울처럼 되었을 때 힘써 붙들었던 기도입니다(눅 22: 43). 주님은 우리에게 외적인 죄와 허물이 없게 되었을 때 간구와 기도를 드려야 한다는 것을 보여 주기 위해서 많은 눈물을 흘리셨습니다. 주님이 하셨던 것처럼 우리가 고뇌중에 기도하며, 주님이 눈물을 흘리셨던 것처럼 우리 역시 눈물을 흘리며 기도하고, 주님이 슬퍼했던 것처럼 우리도 슬퍼할 때에 비로소 우리 마음 안에 거하는 죄와 그것이 만들어내는 악한 생각에서 구원을 얻게 될 것입니다.

그러므로 그리스도 안에 있는 사람은 각처에서 분노와 다툼이 없이 거룩한 손을 들어 기도해야 합니다(딤전 2: 8). 그들은 주님을 사랑하고 사모하며 기도해야 하고, 얼굴과 얼굴을 대면하여 주님을 볼 때를 기다리며 기도해야 합니다. 성경은 "마음이 청결한 자는 복이 있나니 저희가 하나님을 볼 것임이요"(마 5: 8)라고 말하고 있습니다. 그리고 바울은 "우리가 이제는 거울로 보는 것 같이 희미하나 그 때에는 얼굴과 얼굴을 대하여 볼 것이요"(고전 13: 12)라고 말합니다.

4. 만일 마음속에서 죄가 사라지지 않고 감추어져 있다면, 마음에 있는 죄의 세력으로 말미암아 마음속에 숨겨져 있던 악한 생각이 완전히 제거되지 않는한, 마음은 깨끗하게 되지 않을 것입니다. 우리가 주님과 주님을 전파한 모든 사람처럼 기도하지 않는 한, 이러한 죄는 마음으로부터 없어지지 않을 것이며, 악한 생각과 죄의 열매도 사라지지 않을 것입니다.

우리가 마음을 다해 주님께 기도한다면 우리의 내면에는 기쁨이 충만하게 될 것입니다. 왜냐하면 우리의 마음이 더 이상 우리를 비난하지 않고 주님의 모든 명령을 지키며 주님 앞에 정직하게 되었을 때, 우리는 내면적으로 기뻐할 것이기 때문입니다. 다윗이 표현한 대로 우리는 기뻐할 것입니다.

> 나의 마음이 주님 안에서 기뻐하며 주의 이름을 높이는 자들과 함께 기뻐하리라 내가 전심으로 주께 감사하며 영원히 주의 이름을 찬양하리니 이는 내게 향하신 주의 인자가 크사 내 영혼을 깊은 음부에서 건지셨음이라(시 86: 11-13).

하나님이 우리 조상들을 음부에서 어떻게 구원하셨고, 그들이 주님과 주님의 이름을 높이는 자들과 함께 어떻게 기뻐했는지 그대는 알 수 있습니다. 마리아는 "내 영혼이 주를 찬양하며 내 마음이 내 하나님 내 구주를 기뻐했음은 그 계집종의 비천함을 돌아 보셨음이라"(눅 1: 46-48)고 고백했습니다.

마리아가 영적으로 어떻게 기뻐했으며 주님 앞에서 은혜와 자비를 발견하고 마음으로 주님을 높였는지를 그대는 알 수 있습니다.

5. 온전함을 추구해야 한다는 것을 우리 자신을 위해서 한 법으로 삼으십시오. 주님의 진리와 자비의 말씀을 들었을 때 우리의 마음이 좋은 땅(마 13: 22)이 되도록 하며 그것이 우리 영혼에 심겨 30배, 60배, 100배(마 13: 23)의 결실을 맺으십시오. 진리의 씨를 방해하는 가시떨기 밭이 되지 않게 하십시오. 만일 그렇게 되면 주님이 심판하는 날에 우리는 생명에서 제외될 것입니다. 좋은 씨가 떨어

졌을 때 그것을 덮어주지 못하는 길가 척박한 땅이 되지 않게 하십시오. 그렇게 되면 새가 와서 그것을 쪼아 먹어 열매를 맺지 못할 것입니다. 그러므로 우리는 굳은 땅이 되지 않아야 합니다. 그렇지 않으면 생명의 말씀이 우리 안에 들어와 뿌리를 내리지 못할 것이며, 그 대신 악한 자가 우리의 땅에서 좋은 씨를 빼앗아갈 것입니다. 우리의 마음이 깨어 있어야 하며, 햇볕에도 씨가 마르거나 결실이 방해받는 얕은 땅이 되지 않아야 합니다. 받아들일 만하고 온전한 주님의 뜻을 행하는 자녀들이 태어났을 때 우리 스스로가 실제적으로 치료하는 광선을 발하는 의로운 해 아래서 시들지 않기 위해 열매를 맺는 데 열심을 가지십시오(말 4: 2).

생명의 길로 우리를 부르는 주님과 주님의 사자들의 말씀을 들었으니, 그곳으로 나아가 온전해지도록 하십시오. 그들을 본받으며, 그들도 우리와 같은 사람이었으니 우리가 그들과 같지 못할 이유가 없다고 말하십시오. 눈에 보이는 모든 것을 버린 바울의 말을 들어보십시오.

'(세상을 떠날 때에) 남겨 두고 떠나며 진리와 영광의 세상에 가져 가지 못할 모든 소유물을 배설물(빌 3: 8)로 여기노라. 내가 너희와 같이 된 것처럼 너희도 나와 같이 되라(빌 3: 17).'

원한다면 우리도 바울처럼 될 것입니다.

EVAGRIUS

제4장
에바그리우스

에바그리우스(Evagrius)는 영성 생활에 관해 저술한 중요한 동방 작가 중 한 사람이다. 그는 그리스어로 저술했지만 두 가지 이유에서 여기에 하나를 발췌하여 실었다. 첫째는 그의 많은 작품들이 아래 설명된 이유로 단지 시리아어로만 남아 있기 때문이며, 둘째는 그가 시리아 작가들로부터 영성 생활의 권위자로 인정되었기 때문이다.

에바그리우스는 345년 경 폰투스(Pontus)에서 태어났다. 그는 성 바실에 의해서 성경 낭독자로 임명되었으며, 그가 항상 자기의 조언자로 여기던 나지안주스의 그레고리(Gregory of Nazianzus)에 의해 부제에 임명되었다. 콘스탄티노플에서 행한 그의 빛나는 직분은 한 사건으로 인해 갑자기 중단되었고, 그 결과 그는 수도를 떠나게 되었다. 이 경험은 그가 금욕 생활로 전환하는 계기가 되었다. 그로 하여금 이러한 생활을 하게 인도한 최초의 인물은 장로 멜라니아(Melania)와 예루살렘의 루피누스(Rufinus)이다.

그는 383년 경에 이집트로 이주하여 생의 마지막 16년 동안을 그곳에서 보냈는데, 처음 2년 동안은 니트리안(Nitrian) 사막에서 보내고, 그후에는 셀루래(Cellulae) 사막에서 보냈다. 이 두 지역은 카이로와 알렉산드리아 사이에 있다. 그의 제자인 팔라디우스(Palla-dius)는 *Lausiac History*에서 그에 대해 언급했다. 또한 에바그리우스는 *Apophthegmata* 문헌에서도 그 특징이 나타나고 있으며, 그의 가르침의 몇몇 요소는 카시안(Caccian)의 저술에서도 반영된다.

에바그리우스는 다작의 작가 중 한 사람이며 내면 생활에 대해 그리스 작가에게 많은 영향을 준 작가이지만, 그리스어로 남아 있는 것

은 불과 몇 작품에 불과하며, 대부분의 작품들은 다른 사람의 이름으로 되어 있다. 그 이유는 콘스탄틴노플에서 있었던 제5차 공의회(553년)에서 그의 사변적인 가르침이 정죄되었기 때문이다. 그러나 그 무렵 그의 많은 저서들은 이미 시리아어와 아르메니아어로 번역되었으므로, 대부분의 저술이 제5차 공의회의 결정으로 인한 영향을 받지 않은 채 이들 언어로 남아 있었다.

에바그리우스의 저술이 시리아어로 번역되면서, 그는 니느웨의 이삭을 포함한 후기 시리아 작가들에게 여러 부분에 있어서 영적 지식에 대한 위대한 스승이 되었다. 이와 같이 비잔틴 세계에서 많은 작가들에게(특히 성자 '성 막시무스') 영향을 주는 동안 그의 영향력은 카시안의 작품을 통하여 서방에 미치게 되었다.

에바그리우스의 저서중에서 가장 잘 알려진 것은 *Hundred Chapters on Prayer*이다. 에바그리우스의 다른 글들은 신학적이며 사색적인 요소가 지배적인데 비해, 이 단편은 그 권면에 있어서 매우 실질적이다. 이 글은 시리아어로만 남아 있으며, 6세기 초에 그가 저술한 것으로 정식 인정되었다(가장 오래된 것은 6세기 혹은 7세기에 속한다). 그러나 동방 시리아 전통에서는 이 작품이 나트파르의 아브라함(Abraham of Nathpar)의 저서들과 혼합되었다. 후기 작가들에게 미친 그의 영향력은 제8장에 번역된 바 기도에 관한 익명의 본문에서 직접 살펴볼 수 있는데, 거기에 보면 본문의 모든 구절들이 은연중에 에바그리우스의 글과 결합되어 있음을 발견할 수 있다.

기도에 관한 권면
(Admonition on Prayer)

　형제여, 긴 여행을 떠나려는 사람은 무엇보다 먼저 자기 자신을 점검하고, 그 다음에는 유능하며 자기에게 도움을 줄 수 있는 여행자와 동행해야 한다는 것을 그대는 잘 알 것입니다. 그렇게 하지 않으면 그는 여행중에 동료들로부터 떨어져 해를 입게 될 것입니다. 의에 이르는 길을 여행하려는 사람들의 경우도 동일합니다. 무엇보다도 먼저 자신을 분별하여 자기가 얼마나 강한지를 살피십시오. 그리고 자신에게 적합한 삶의 길을 선택하십시오. 단지 후에 버려야 할 것들을 소유하기 위해 처음부터 그대의 마음을 완벽한 생활방식에 두는 것보다는 연약한 상태에서 건강한 상태로, 작은 일에서 큰 일로 진행하는 것이 낫습니다.
　여행하는 사람의 경우도 동일합니다. 만일 그들이 무리하여 첫날부터 피곤하여 지쳐버린다면, 병으로 인해 여러 날을 낭비하게 될 것입니다. 그러나 만일 도보에 익숙해질 때까지 완만한 보폭으로 걸음을 시작한다면, 많이 걸어도 지치지 않을 것입니다.
　마찬가지로 의로운 삶을 위한 일을 시작하려는 사람들은 자기가 완전한 상태에 이르기까지 완만하게 자신을 훈련해야 합니다. 옛 선조들이 걸었던 서로 다른 여러 길로 인해 당황하지 마십시오. 지나치게 그들 모두를 모방하려 하지 마십시오. 그렇지 않으면 그대의 삶의 방식이 혼동될 것입니다. 차라리 연약한 그대에게 적합한 삶의 길을 선택하고, 그 길로 여행하십시오. 그러면 그대는 살 것입니다. 그대의 주님은 자비하신 분이시므로, 가난한 여인의 선물을 받으셨던 것처럼 그대의 업적 때문이 아닌 그대의 노력 때문에 그대를 받으실 것입니다(막 12: 43; 눅 21: 3).

만일 그대가 그대의 일을 더 하려는 생각을 한다면, 서두르지 마십시오. 인내하십시오. 만일 이러한 생각이 그대 안에 계속 남아서 그대로 하여금 더 큰 것을 사모하게 한다면, 그대는 이것이 그대에게 유익한 것이라는 것을 알 수 있을 것이며, 확신을 가지고 그 뜻을 감당해 낼 수 있을 것입니다. 왜냐하면 그것은 하나님께로 온 것이기 때문입니다. 그러나 만일 그러한 생각이 한두 번 생기고 다시 생기지 않는다면 그것이 그대를 교활하게 뒤로 잡아끌려고 하는 사탄으로부터 온 것임을 알아야 합니다. 이것은 모든 생각에 있어서도 마찬가지입니다.

이러한 인생 여정을 시작하는 사람은 기민하면서 단순하고, 지혜로우면서도 어리석고, 교활하면서도 순진할 필요가 있습니다(마 10: 16). 이 경우에 있어서 전자는 선한 일에 대한 것이고 후자는 악한 일에 대해서입니다. 우리의 인생 길을 지혜롭게 감찰하여 악한 영이 우리를 곁길로 이끌지 못하게 하십시오. 그러나 동료에 대해서는 정직하며, 악한 것을 생각하지 말고 분을 품지 마십시오.

무엇보다도 겸손을 선택하십시오. 당신의 모든 선한 말로써 본을 보이고 기초를 세우십시오. 예배할 때에는 고개를 죽이며, 말을 할 때에는 나즈막한 소리로 하십시오. 그리하면 하나님과 사람들에게서 사랑을 받게 될 것입니다.

하나님의 영이 그대 안에 거하게 하십시오. 그리하면 그는 사랑으로 다가와 그대와 함께 거처를 정하고 그대 안에 머물며 살 것입니다. 만일 마음이 깨끗하다면 그대는 그를 볼 것이며, 그는 그대 안에 좋은 씨를 뿌릴 것입니다. 이러한 일은 그대의 영혼에서 악한 습관이라는 가시, 악한 습관의 가라지와 함께 욕망의 거목을 제거할 때 일어날 것입니다(마 13: 22; 막 4: 18; 눅 8: 14).

자기 영혼에 관심을 가지고 회개하는 죄인은 더러운 것이 가득 차 있고 시커멓게 되었으나 씻고 닦아 윤이 나는 그릇과 같습니다. 그는 차갑게 식어 까맣게 된 숯을 닮았습니다. 그러나 그것은 불속에 들어가면 뜨거워지고 빛을 발하게 됩니다. 혹은 그는 색깔이 바래서 거의 윤기가 없는 금 그릇, 은그릇과 같습니다. 그대는 그를 영혼이 숨 쉬고 있는 육체, 죽었다가 살아난 사람, 잃었다가 찾은 사람, 다시 돌아온 길 잃은 양, 병에서 회복된 사람, 가난했으나 부자가 된 사람, 애통해 했으나 이제 기뻐하는 사람, 굶주렸으나 이제 먹을 것을 많이 소유하게 된 사람, 새로워진 왕의 초상화, 복구하여 왕이 들어가서 거주하게 된 폐허 등으로 비유할 수 있을 것입니다.

회개하기를 힘쓰고 멍에를 메십시오. 악한 행동을 선한 행동으로 바꿔서 우리 주님을 기쁘게 하십시오. 시간이 있는 동안, 그대가 자기 영혼을 다스릴 수 있는 동안 속히 화해하십시오(눅 12: 58). 그대가 할 수 있는 것은 무엇이든지 행하고, 모든 것을 행한 후에 그대 자신을 무익한 종으로 여기십시오(눅 17: 10). 왜냐하면 그대는 그대가 빚진 것 중 어떤 것도 갚을 수 없기 때문입니다.

당신 자신에게 물어보십시오. '나는 주님께 고용된 한 일꾼입니다. 왜 내 자신의 일을 행하는 데 있어서 이처럼 늦장을 부리는가? 나는 주님의 초청을 받았습니다. 그런데 왜 나는 나의 동료와 함께 그 초청에 참여하는 것을 뒤로 미루고 있습니까? 나는 많은 빚을 졌다. 언제 그것을 갚을 것입니까? 나는 이미 긴 여행을 하고 있습니다. 언제 목적지에 도착할 것이며, 얼마나 많은 양식이 필요할까? 나의 주님은 나를 부르러 사람을 보내셨고, 그는 나를 원하고 있습니다. 언제 그분께 이를 수 있을까? 나는 달려가야 하는데 왜 이렇게 세상적인 짐을 지고 있을까? 나는 세상적인 사랑의 끈으로 묶여 있습니다. 나의 친구는 깨어 있는데 내가 잠을 자야 하는가? 나의 친구는 분투하고 있는데 내가 패배해야 된단 말입니까? 나의 친구는 눈물을 흘리고 있는데 내가 웃을 수 있습니까? 나의 친구가 슬픔 가운데 있는데 내가 즐거워할 수 있습니까? 나의 친구가 침묵 속에 있는데 내가 말할 수 있습니까? 나의 친구가 그들의 주님과 왕국과 영광을 생각하고 있는데 내가 여전히 뒤에 두리라고 약속했던 것들을 생각해야 하는가?'

그대가 밤에 일어나 기도하기를 원하지만 육체가 나태함을 느낄 때 이 모든 것을 생각하고, 마음으로 얼마나 많은 사람들이 서서 혹은 엎드려서 혹은 무릎을 꿇고 기도하고 있는지, 얼마나 많은 사람들이 눈물을 흘리며 신음 속에서 주님을 열망하고 있는지, 얼마나 많은 사람들이 육체의 게으름을 탄식하고 있는지, 얼마나 많은 사람들이 자신의 본능을 버리고 있는지, 얼마나 많은 사람들이 마음으로 주님을 향하여 찬양을 드리고 있는지를 기억하십시오.

이 모든 것을 생각한다면, 그대는 모든 게으름과 나태로부터 벗어날 수 있으며, 눈물을 흘리면서 간절한 마음으로 기도하게 될 것입니다. 그때 얼마나 많은 사람이 깨어 일하고 있으며, 얼마나 많은 사람이 여행을 하며, 밭을 갈며, 여러 가지 일에 종사하고 있는지를 다시 생각하고, 목동들과 소유물을 지키고 있는 경비원들을 기억하십시오. 일시적인 것을 위해서도 이렇게 수고할진대, 주님을 위해서는 얼마나 더 힘써야 하겠습니까?

그대가 기도하기 위해 일어섰을 때, 되는 대로 기도를 시작하여 그대의 기도가 무모하며 무분별하며 지리한 것이 되지 않게 하십시오. 먼저 십자가의 성호를 긋고, 정신을 한곳에 모아 기도의 준비를 갖추고, 기도의 대상인 주님을 응시하면서 기도를 시작하십시오. 기도를 시작하는 순간 눈물을 흘리고 스스로 고통을 느끼십시오. 그리하면 그대의 모든 기도가 유익한 것이 될 것입니다.

그대의 기도를 방해하는 생각이 생기지 않을 때는 시편을 암송하는 시간을 가질 필요가 없습니다. 그러나 만일 그대의 생각이 혼란스럽다면, 시편을 암송하기보다 더 많은 시간을 눈물을 흘리며 기도해야 할 것입니다. 말씀을 바꾸든지 아니면 다른 어떤 방법을 쓰던지 그와 같은 생각을 떨쳐 버리십시오. 지금 내가 그대에게 하는 말을 받아들이십시오. 만일 그대가 유익한 생각을 갖고 있다면, 그것으로 시편 말씀을 대신하십시오. 단지 시편의 규정된 부분을 암송하기 위하여 하나님의 선물을 그대 자신으로부터 밀어내지 마십시오.

하나님에 대한 생각과 내적인 비젼으로 모아지지 않는 기도는 한낱 육체적인 괴로움일 뿐입니다. 그대의 마음의 덮개로 덮혀 있다면 시편의 말씀을 많이 낭송하는 것으로 기뻐하지 마십시오. 집중된 마음으로 한 말씀을 낭송하는 것이 마음이 흩어진 상태에서 천 말씀을 낭송하는 것보다 낫습니다.

기도할 때 정직하고 단순한 어린 아이가 되십시오. 그러면 하나님의 영광을 볼 것입니다. 모든 왜곡되고 악한 생각을 제거하고, 어머니와 함께 있는 어린 아이처럼 되십시오.

분투하며 기도한다면 그대는 복된 사람입니다. 그대의 말을 알리고, 그대의 원망을 드리며, 그대의 심판자를 찾으십시오(눅 18: 1-7). 원수가 패배할 때까지 그를 분노함으로 대적하십시오. 그때 그대의 주님께서 그대의 분투함을 보고 의로움으로 그대의 문제를 판결하여 그대의 적을 정죄할 것이며, 원수는 더 이상 견디지 못할 것이며 동시에 주님은 그대의 연약함을 도울 것입니다.

만일 그대의 욕망이 그대를 거슬려서 싸운다면 그것을 피할 수 있도록 주님께 구하십시오. 만일 불결한 생각이 그대의 마음에 들어온다면 당황하지 말고 거절하든지, 마음의 어떤 부분도 허락하지 마십시오. 그러면 그것들은 갑자기 떠날 것이며 밤에 길을 잘못 들은 여행객처럼 도망갈 것입니다.

기도하는 중에 그대의 마음이 공허한 것을 생각하며 분심이 일어나지 않도록 주의하십시오. 그렇게 되면 그대로 인해 그대의 심판자가 모욕을 받게 됨으로 그를 분노케 할 것입니다. 일반 재판관 앞에서도 두려워해야 하는데, 하물며 하나님 앞에서 멸시를 나타낼 수 있습니까? 자기가 어디에 서 있으며 무엇을 말하고 있는지도 모르는 사람이 어떻게 자기가 기도하고 있다는 것을 알 수 있겠습니까? 그의 마음은 세상의 욕망으로 어두워져 있습니다. 그는 잠자지 않고 서 있으며 세상적인 행위를 절제하고 있으며, 많은 사람들은 그가 세상에 대해서 죽었고 그런 일을 잊고 있다고 생각합니다. 그러나 그는 자기와 상관이 없는 문제들에 대한 생각들로 말미암아 유혹을 받고 있습니다. 꿈이 꿈을 꾼 사람에게 아무 유익을 못하는 것처럼, 이것 중 어떤 것도 그에게 유익되지 않습니다.

불쌍한 자여, 분발하십시오. 주님이 그대와 함께 말씀하고 계시다. 방황하지 마십시오. 하나님께서 택하신 천사들이 그대를 둘러싸고 있으니 낙망하지 마십시오. 많은 귀신들이 그대를 대적하고 있으니 방심하지 마십시오.

나의 형제여, 우리가 하나님을 찬양할 때 천사들이 기뻐하는 것처럼, 우리가 기도에 집중하는 것을 귀신들이 보았을 때 그들이 괴로워한다는 사실을 깨달으십시오. 그들은 하나님께 찬양하는 것을 거부했기 때문에, 우리의 찬양을 방해할 방법을 고안하고 있습니다. 왜냐하면 그들의 음모가 그들을 대적하는 방패요 무기인 찬양에 의해 무너져버리기 때문입니다. 따라서 그들은 열심을 다해 우리의 예배를 방해합니다. 그리고 우리가 그들의 말을 듣지 않고 주님과 교제하는 모습을 볼 때, 그들은 교활하게도 우리를 해치기 위해서 특정한 사람에 대한 생각과 염려를 일으키며 하나님께 대한 사랑을 인간에 대한 사랑으로 바꾸기 위해 그들—때로는 친구, 때로는 원수—를 상상하게 합니다(마 5: 44; 눅 6: 28). 그 결과 우리는 명령을 받은 대로 원수를 위하여 기도하는 대신, 우리를 괴롭혔던 자들에 대한 증오를 요구하게 되며, 그래서 우리의 기도는 진노의 원인이 됩니다.

적의 공격을 조심하십시오. 사악성을 더하는 데 열중하며, 스스로 오류를 범하고 다른 사람들도 오류를 범하게 하는 자들로부터 자신을 지키십시오.

확신을 가지고 기도의 행진을 시작하십시오. 그러면 두려움의 처소와는 반대되는 평화의 처소에 속히 이를 것입니다. 그대의 마음이 깨어 있고 집중되어 있는 한 그대의 기도는 아벨의 제물처럼 열납될 것입니다(창 4: 4). 그대의 대적은 부끄러움을 당할 것이며, 그대는 기도 시간을 통하여 귀신에게 두려움의 대상임을 증명하게 될 것이고, 그대의 입에서 나오는 말은 하나님의 뜻과 일치할 것입니다.

JOHN OF APAMEA

제5장
아파메아의 요한

    영성 생활에 대한 다른 분야에 관한 많은 글이 아파메아의 요한(John of Apamea) 혹은 독거자 요한(John of Solitary), 혹은 리코폴리스의 요한(John of Lykopolis)이라고 불리는 저자에 의해 저술되었다. 요한은 오늘날 중요한 초기 시리아 작가로 지목되고 있지만 아직 신비에 싸여 있다. 아직 출판되지 않은 그의 이름으로 된 글들을 통해서 볼 때, 그가 상당한 교육과 교양을 갖춘 인물이었다. 그의 설교 중 몇 편은 특히 그리스의 문학 형태인 대화체를 사용하고 있다. 최근의 연구를 통해서 볼 때, 그는 5세기 초의 사람이며, 아파메아라는 명칭은 시리아(그리스 철학자인 포스도이우스와 누메니우스가 이곳에서 배출되었으며, 신플라톤주의자인 람블리쿠스는 수년 동안 이곳에서 가르쳤다)에 있는 유명한 도시와 관계가 있다. 10세기 초에 바르 바흐룰(Bar Bahlul)[1]이 편찬한 고대 사전에 보면 그의 수도원이 아파메아 근처에 있는 니케르타이(Nikertai) 근처에 있음을 알 수 있는데, 그곳은 데오도렛이 423년 키르후스의 감독이 되기 전 수도사로서 생활했던 곳이다.

    이미 출판된 요한의 글 중에는 다음과 같은 것이 있다: 『영혼에 대한 3편의 대화』, 『타우마시우스와의 대화편』, 『세례와 신세계에서의 삶에 대한 3편의 논문』, 『세 편의 긴 편지』, 『기도와 침묵에 대한 단편』, 여기 번역된 『헤시키우스에게 보낸 서신』(Letter to Hesychius)은 아직 출판되지 않은 글이다. 헤시키우스가 누구인지는 아직 알려져 있지 않지만, 내적 증거를 통해서 볼 때 그는 최근에 수도 생활을 받아들인 인물임이 확실하다. 요한의 서신은 그에게 많은 실제적인

권면을 준다. 이러한 권면이 후대의 수도사들에 의해서 얼마나 인정을 받았는지는 그 편지의 내용을 담고 있는 많은 원고를 통하여 알 수 있다.

요한의 저술들은 후기 시리아 문학에 강력한 영향을 주었다. 특히 사람을 육과 영과 혼으로 구분하는 삼분법적 구조는 니느웨의 이삭과 환상가 요셉을 포함한 많은 시리아 작가들에 의해 폭넓게 수용되었다. 요한에게 있어서 기독교인의 생활 목표는 세례 때에 각 신자에게 소망과 확신으로 주어지는 그리스도 안에 있는 부활의 생명을 실현하는 것이었다.

요한에 의하면 기독교인의 생활에 있어서 성장이란 악한 욕망으로부터 벗어나는 점진적인 과정이다. 육의 차원에서는 여전히 죄에 노예가 되어 있고 육적 욕망에 예속된다. 이 차원에서 나타나는 모든 사랑은 불안정하며 이기적이다. 혼의 차원은 육적인 욕망에서 벗어나는 분기점이며, 혼의 가치들의 배양과 인식이 증가된다. 이 차원에서 죄에 대한 회개가 일어나는데, 기도는 이러한 상태에서 나타나는 중요한 부수물이다. 그러나 이러한 기도는 산만하기 쉽고 순수하거나 지속적이지 못하다. 기도의 진보는 자기를 비우는 과정(process of self-emptying: 이 용어는 『단계의 책』에서 빌려온 것 같다)을 통해 이루어진다. 이러한 과정을 통하여 혼과 영의 경계선인 정결한 혼의 상태에 이른다. 정결한 혼의 상태에서 혼은 빛을 발하며, 투명하게 되고 신적 신비인 계시의 빛을 받을 수 있는 상태가 된다. 여기에서만 진정한 사랑의 의미가 실현된다. 이것이 새 세계에 사는 사람이 새 사람의 생활을 시작하는 지점이다(엡 2: 15, 4: 24 참조). 이러한 상태는 살아 있는 동안에는 매우 희미할 수 있다. 그리고 끊임없는 소망의 대상으로서의 역할을 할 수 있다. 그러나 부활 후에는 완전하게 이루어질 것이다.

『영혼에 대한 대화』(*Dialogue on the Soul*)에서 인용된 다음의 내용은 이러한 주제에 대한 요한의 가르침에 대해 좋은 예를 제공해 준다:

유세비우스: 속사람의 생활은 무엇으로부터 시작됩니까?

독거자: 돈에 대한 사랑을 버리는 것, 그리고 돈에 대한 사랑을 버리고 칭찬에 대한 욕심을 스스로 버리는 것이 절대적으로 필요합니다. 이렇게 된 후에야 비로소 탁월한 마음, 겸손과 인내, 진지함과 경성함, 그리고 선과 미에 대한 관심, 하나님과 인간에 대한 온전한 사랑을 가질 수 있는 가능성이 있습니다. 사람은 이런 것들을 통해서만 영혼의 순결을 이룰 수 있으며, 이것이야말로 사람이 사는 동안 하나님이 따르라고 명령한 온전한 삶의 내용이다. 왜냐하면 그분의 모든 명령은 사람의 영혼이 투명해지는 데까지 이르게 하기 때문이다. 만약 사람이 싸움을 통하여 모든 악한 욕망을 극복하고 순수한 마음을 유지하고 있다면 그 사람은 하나님이 명령한 온전한 삶에 거하는 것이며, 그 후 그는 영혼의 투명함으로부터 새 사람의 생활로 들어가기 시작한다. 그는 더 이상 율법의 종이 아니며, 이 세상에 속한 모든 것으로부터 자유케 된 사랑받는 자녀가 됩니다. 그는 하나님의 신비 속에 참여하는 자가 됩니다.

은둔자 요한

헤시키우스에게 보낸 편지 (Letter to Hesychius)

1. 나의 형제여, 사지 중 하나가 부러지면 다른 지체들이 고통을 받는다는 것을 당신은 잘 알 것입니다. 비록 그것들의 고통이 명백하게 드러나지는 않을지라도 이러한 고통은 소리를 통하여, 그리고 눈에서 흐르는 눈물을 통하여 표현된다는 것을 당신은 압니다.

고통은 내적인 침묵으로부터 입을 통하여 표현되는데, 입은 말문을 열고 닫는 육체 안에 있는 저장소의 열쇠와 같습니다. 그리고 입은 인식의 보고인 마음으로부터 사랑하는 친구에게 말을 건넵니다. 입은 생각을 표현하는 지성의 대리물이기 때문에 마음에 숨겨진 침묵을 나타내는 역할을 하며, 마음의 지시를 수행하는 매개체입니다. 입이 마음—모든 지식의 통제자—을 통하여 언급하는 모든 것은 듣는 자에게 말로 전달됩니다. 따라서 지성의 열쇠인 입을 통하여 마음의 문은 열립니다. 입이 없다면 이 문은 열리지 않으며, 전달되는 소리도 들을 수 없습니다. 그러나 지성은 소리를 사용하지 않고 그 대신 소리 없는 말인 글을 사용하여 마음 안에 숨겨진 것을 알릴 수 있습니다. 이런 식으로 그 침묵은 소리없이 표현됩니다. 그러나 아무리 마음이 그 안에 숨겨졌다는 것을 표현한다 해도, 그 비밀을 모든 소리에 민감한 듣는 이에게 설명하려면 입이 필요합니다.

2. 이러한 유비를 통해서 우리로부터 당신이 분리될 때 오는 아픔을 이해할 수 있습니다. 그러나 당신의 삶은 우리 주님이 보여준 평온 속에서 생활하고 있기 때문에 슬픔 속에서도 위로가 있으며, 당신의 생활이 주님의 사랑으로 충만하기 때문에 더 이상 분리됨이 없습니다. 왜냐하면 사랑 안에 있는 사람들은 서로 친밀함 가운데서 하나이기 때문입니다. 그의 사랑이 나누이지 않듯이, 그들 또한 서로 분리되지 않습니다. 왜냐하면 주님의 모든 뜻을 행하는 사람 한뜻을 가지고 있다는 점에서 하나의 몸으로 서로 결합되기 때문입니다.

3. 나의 형제여, 나는 당신이 그리스도 안에서 생활하고 있다는 것을 듣는 순간부터 부족하지만 나의 기도 속에서 하나님이 인정하실 그분의 긍휼을 구할 때, 당신을 계속 기억하며 당신의 삶이 그분의 존귀를 나타내는 삶이 되게 해달라고 기도하고 있습니다. 또한 나는 당신에게서 교훈적인 설교 형태로 권면을 구하는 일도 주저하지 않습니다.

4. 나의 형제여, 일생 동안 깨어 있으십시오. 마음속으로 주님의 수난에 생각을 고정시키십시오. 그는 우리 혼을 위한 영적인 요새요, 선행이 안전하게 보존되는 의의 피난처입니다.

5. 나의 형제여, 교활한 뱀과 감춰인 덫과 은밀한 그물을 주의하십시오. 사탄의 교활한 덫에 걸리지 않기 위해 당신의 발걸음을 밤

낮으로 지키고 계시는 하나님께 간구하는 일에 싫증내지 마십시오. 이런 간구를 지속적으로 한다면, 하나님은 주저없이 당신의 소원을 들으실 것입니다.

6. 형제여, 우리 주님이 겪으신 수난으로 말미암아 당신이 받게 된 영적인 영광을 굳게 붙잡으십시오. 당신의 생각을 깨어 지키며, 그리스도 안에서 당신이 가지고 있는 영광스런 것들이 교만으로 인해 변화되지 않도록 주의하십시오. 당신이 마음으로 우리 주 그리스도의 성육신한 사건을 묵상할 때만 이것은 가능합니다. 그리고 그때에는 당신의 내면에 교만의 씨앗이 뿌려지지 않을 것입니다. 그분의 자기비하가 없었더라면, 우리는 그분의 아름다운 인격을 닮기 위해서 훨씬 더 낮아졌어야 했을 것이며, 그분의 인격에 대해 희미한 기억조차도 우리 마음에 들어오지 않았을 것입니다. 이런 이유 때문에, 그는 자원하여 우리의 기도를 들으시고 우리를 아버지께 가까이 이르게 할 은혜를 주셨습니다. 우리에게 요구되는 것은 끊임없이 그에게 감사를 드리는 것입니다. 그러나 이 감사는 그의 은혜에 걸맞는 정도의 완벽한 감사가 아닙니다. 그 은혜에 적합할 만큼 감사할 수 있는 사람은 없습니다. 왜냐하면 그의 은혜는 모든 인간의 감사보다 더 크기 때문입니다. 우리는 그에게 보답할 능력도 없고, 충분히 감사할 수 있는 능력도 없음을 깨닫는 것으로 충분합니다. 그래서 하나님의 은혜에 대한 이런 이해를 가지고 있는 사람에게는 그분에 대해서 하나님의 은혜로 그것을 보답했다고 말할 수 있습니다.

7. 당신이 지금 행하고 있는 이 소중한 일에 주의를 기울이십시

오. 왜냐하면 당신은 힘써 그것을 얻었지만 너무나 쉽게 잃어버릴 수 있기 때문입니다. 얻는 것보다 잃어버리는 것이 훨씬 쉽습니다. 그것은 위대한 일과 연결되어 있지만 순간적으로 상실됩니다. 집주인이 생각하지 않았을 때 도둑은 집을 뚫고 들어옵니다(마 24: 43; 눅 12: 39). 이런 이유 때문에 마치 배를 책임지고 있는 선장이 깨어 있듯이 우리는 항상 깨어 있어야 합니다. 한 척의 배가 건조되고 완성되려면 노동과 주의와 수고와 모든 종류의 고통이 있어야 함을 당신은 잘 압니다. 그러나 그 배는 일순간에 난파될 수 있습니다. 사람의 모습도 세밀한 기술과 적절한 색의 배합, 그리고 페인트를 가지고 잘 표현할 수 있으나 그것도 순간적으로 망가질 수 있습니다. 그것을 망가뜨릴 때는 그것을 만들 때만큼의 수고가 들지 않습니다. 파괴는 건설보다 쉽고, 무너뜨리는 일은 세우는 것보다 쉽습니다.

8. 당신의 교사이신 그리스도께서 당신을 위해서 기록하게 한 말씀을 묵상하십시오. 복음서를 통하여 당신에게 전해준 말씀 안에서 힘을 얻으십시오.

9. 무익한 대화를 삼가십시오. 말이 항상 당신에게 유익을 주는 것은 아닙니다. 대화는 정신을 산만하게 만들기 때문입니다.

10. 수도원(또는 당신의 거처)에서 평온함과 침착함을 유지하십시오. 당신에게 지시된 일에 대해서 말대답을 하지 말고, 온유한 마음으로 복종하십시오. 그러면 사람들이 당신을 사랑할 것입니다.

11. 모든 사람에게 인사하십시오. 우리 주님께서 사도들에게 어느 집에 들어가든지 먼저 인사하라고 가르치셨던 것처럼, 당신도 먼저 사람들에게 인사해야 합니다(마 10: 12). 당신은 단 한 마디의

말로 다른 사람의 마음을 기쁘게 해줄 수 있을 것입니다.

12. 자신이 제자가 되어야 하는 이유를 알지 못하는 사람들에게 관심을 갖지 마십시오. 그들은 이러한 생활이 무엇인지, 왜 이런 삶의 모범이 세상에 생겨나게 되었는지를 물으려고도 하지 않기 때문입니다. 그들은 자신이 지혜롭다고 여기며, 자신의 지식으로도 가르치기에 충분하다고 생각합니다.

13. 하나님의 택하심을 받으려면 지금부터 세상의 멸시를 받으십시오. 주님 앞에서 성장하기 위해서, 사람들 앞에서 낮아지십시오. 그러면 그의 지혜가 당신 안에 머물 것입니다. 형제들에게 정직하고, 적에게는 교활하십시오(마 10: 16).

14. 모든 사람을 소중한 사람으로 대하고, 당신보다 지식이 모자라는 사람을 멸시하지 마십시오.

15. 무슨 일을 하든지 칭찬을 받으려 하지 마십시오. 모든 사람을 그의 수준에 맞게 대하십시오. 자기를 높이는 형제에게 화 내지 마십시오. 그의 지식이 부족함을 인정하십시오. 형제가 자신을 다른 사람보다 높이는 것은 지식이 부족하기 때문입니다.

16. 당신의 외적 행동에 의해 당신의 내적인 것으로 검증하십시오. 사람 앞에서 위선적으로 하지 말고, 만 백성의 주이신 주님 앞에서 진실함으로 하십시오.

17. 마치 당신이 인간들 사이에 있지 않는 것처럼, 당신의 눈 앞에 아무도 없다고 생각하십시오. 왜냐하면 당신은 하나님만을 보고 있기 때문입니다. 하나님은 당신의 삶의 완전한 이유가 되시는 분

이십니다.

18. 사람들에 대해 생각할 때에 당신에게 유익을 줄 수 있는 방법으로 생각하십시오. 그리하면 길 잃은 자들에 대해 슬픔을 느끼고, 방황하는 자로 인해 고통을 느끼며, 고통 중에 있는 자들로 인해 고통하며, 죄인을 위해 기도하며, 선한 자들을 하나님께서 보존해 주시기를 위해 기도할 것입니다.

19. 이 세상에 사는 동안 이런 생각을 가지십시오. 그러나 새 세계가 오면 지금과 같은 생각을 갖지 않을 것입니다. 그 때는 주님의 영광 외에는 그 어떤 것도 마음에 떠오르거나 회상되지 않을 것입니다.

20. 특히 수도원에서 어른들을 존경하십시오. 마음속으로 그들을 아버지로 여기십시오. 당신의 생활 모습이 자신을 모든 사람 앞에서 낮추는 사람의 모습이 되어야 합니다. 형제들과 함께 생활할 때에 소리를 내지 않는 죽은 사람처럼 조용히 지내십시오. 이것이 하나님의 사랑을 이루기 때문입니다. 마음속에 이런 자세를 가지고 있는 사람은 다른 것을 생각할 필요가 없습니다. 당신은 화를 내지 않을 것이며, 그 다음에는 미움도 정복하게 될 것입니다.

21. 당신과 사이가 좋지 않은 악인도 당신의 형제입니다. 그러므로 그와 가까와져야 합니다. 몇 마디 말로 그를 울게 하겠습니까? 그런 생각은 버리십시오. 그리고 당신의 마음에 사람이 아닌 우리 주님으로 가득 채우십시오.

22. 당신의 능력으로 감당할 수 없는 짐을 스스로에게 지우지 마

십시오. 그렇지 않으면 당신은 다른 사람을 기쁘게 해야 한다는 요구의 노예가 될 것입니다.

23. 형제와 화목하게 지내십시오. 수도원 안에서 당신은 평안의 근원이기 때문입니다. 금식보다는 철야 기도를 택하십시오. 철야 기도는 이성을 총명하게 하며, 지성을 깨어있게 하고 몸을 평온하게 하여 어떤 것보다도 더 유익합니다. 금식하며 애쓰는 사람 또한 주님과 교제하는 사람입니다. 금식은 인간의 욕망을 쫓아버리고 죄의 노예가 되지 않는다는 확신을 줍니다.

24. 하나님과 동행하는 법을 배우기 위해 성경 읽기에 전념하십시오. 서서 기도한다고 성경 읽는 것을 게을리 하지 마십시오. 마음은 나태하게 있으면서 몸으로만 수고하는 것은 불필요한 일이기 때문입니다. 살아가는 동안 성경 읽기, 기도 등 여러 가지 일을 행하십시오. 이렇게 할 때 당신은 성경 묵상의 결과로 기도 속에서 빛의 조명을 받을 것입니다. 주님은 우리에게 한 가지 외적인 자세만을 요구하는 것이 아닙니다. 주님이 요구하는 것은 소망 중에 주님을 바라보는 현명한 마음이며, 이 마음이 온유함에 가까이 이르는 길을 아는 것입니다.

25. 종인 동시에 자유인이 되십시오. 즉 하나님께 복종한다는 점에서는 종이 되고, 어떤 것에도 노예가 되지 않는다는 점에서는 자유인이 되십시오.

26. 당신의 영혼을 죄의 속박에서 해방시키고 자유 안에 거하십시오. 그리스도께서 당신을 자유하게 했기 때문입니다(갈 5: 1). 이 세상에서 사는 동안 새 세상의 자유를 획득하십시오. 돈에 대한 사

랑, 혹은 다른 사람의 칭찬에 노예가 되지 마십시오.

27. 자신을 위해 율법을 정하지 마십시오. 그렇지 않으면 자신이 만든 율법의 노예가 될 것입니다. 자신이 원하는 것을 행할 수 있는 자유인이 되십시오. 자신의 법을 가지고, 마음속에 있는 두려움이나, 혹은 다른 사람을 기쁘게 한다는 이유로 자신의 법을 벗어날 수 없는 사람이 되지 마십시오. 그리스도께서 율법의 멍에로부터 그들을 풀어 주셨을 때 그들은 자신의 율법을 만들어 그 율법의 노예가 되었으며, 그들의 목에는 자신의 율법이라는 멍에가 놓였습니다.

28. 마음을 강퍅하게 하지 말고, 장래의 일을 성급하게 결정하지 마십시오. 당신은 피조물이며, 당신의 생각은 변하기 쉽기 때문입니다. 어떤 경우에든지 당신이 결정해야 할 일을 정하십시오. 그러나 마음속으로 당신이 다른 일은 하지 않겠다고 확정하지는 마십시오. 당신이 먹는 음식을 바꾼다고 해서 당신의 신실함이 변화되는 것은 아니기 때문입니다. 만 백성의 주님이신 분께 대한 섬김은 당신의 마음속에서 이루어지는 것입니다. 그리스도께 대한 섬김이 이루어지는 마음, 곧 속사람입니다.

29. 어떤 일에도 묶이지 말며, 어떤 것의 노예도 되지 마십시오. 새 생명의 자유에 의해서 당신 자신을 세상의 멍에에서 해방시키십시오. 하나님께서는 99개의 율법을 폐기하셨는데 당신은 자신의 율법을 만들고 싶습니까? 많은 사람들이 다른 모든 율법을 범하지 않으려고 애쓰기보다는 자신이 만든 율법을 범하지 않으려고 애쓰고 있습니다.

30. 온갖 종류의 파괴적인 노예 상태에서 당신 자신을 자유하게

하십시오. 만일 자유하지 못하다면, 당신은 그리스도를 위한 일꾼이 될 수 없습니다. 하늘의 예루살렘에 있는 하나님의 나라는 자유로운 곳이므로 노예의 자녀들은 받아주지 않기 때문입니다. 자유한 어머니의 자녀는 자유한 자이기 때문에(롬 8: 15) 세상 어떤 것에도 노예가 되지 않습니다(갈 4: 23).

31. 당신의 모든 행동을 주의깊게 살펴 보십시오. 길을 걸을 때에는 이곳 저곳을 보지 말고 품위있게 앞을 바라보십시오.

32. 검소하고 정숙한 옷을 입으십시오. 시선은 아래를 향하고 마음은 위를 향하게 하여 주님을 바라보십시오. 가능한 한 시선을 다른 사람에게 두지 말고 절제하며, 어떤 것도 오만하게 바라보지 말고 순결한 처녀처럼 그리스도를 위하여 자기 자신을 지키십시오.

33. 모든 사람을 친근하게 대하되, 사랑하는 사람들(예를들면 가족들)에게 애착하지 마십시오. 당신의 생활 방식에는 그것이 필요하지 않습니다. 당신은 은둔자이므로 무엇에도 속박되서는 안 됩니다. 당신에게 유익한 충고를 해주거나 혹은 선한 목적으로 당신을 비판하는 사람들을 각별한 사랑으로 대해야 합니다. 그런 경우를 만나더라도 노하지 마십시오. 만일 노한다면, 당신은 하나님의 말씀을 증오하는 사람이 될 것입니다.

34. 당신의 영혼은 거룩한 경배 속에서 깨어 있어야 합니다. 당신의 마음은 온전히 주님께 집중해야 합니다. 가능하면, 옆에 누가 서 있는지도 인식할 수 없어야 합니다. 판단하는 것은 당신의 일이 아닙니다. 당신은 권위자나 지도자가 아닙니다. 당신은 명령을 받은 자이므로, 스스로를 지배할 권위조차 없습니다.

35. 다른 사람에게 관심이 가 있는 사람들을 바라보지 마십시오. 그렇게 하지 않으면, 당신의 마음이 분노로 혼란스럽게 될 것이며, 예배를 드리는 당신에게 유익하지 않을 것입니다.

36. 무슨 일을 하든지 당신의 궁핍함을 강조하지 마십시오. 왜냐하면 당신의 훈련이 모든 일에 있어서 당신의 궁핍함을 풍성히 충족시켜주는 것이 아니기 때문입니다. 당신의 훈련은 그리스도 안에서 궁핍함의 상태, 가난의 상태가 되는 것입니다. 만일 당신의 궁핍함이 좋은 것으로 충족된다면, 그것을 여분의 것으로 간주하십시오. 당신의 궁핍함이 채워진 것을 그런 식으로 생각한다면, 당신은 감사하게 될 것이며 궁핍한 상태에 대해 불평하지 않을 것입니다.

37. 선지자의 글을 읽으십시오. 그것을 통하여 하나님의 위대하심, 자비하심, 공의와 은혜를 배울 수 있을 것입니다.

38. 순교자들의 고통을 깊이 생각하십시오. 그리하면 하나님의 사랑이 얼마나 큰 지 알 수 있을 것입니다.

39. 지혜자들의 가르침에 관심을 기울이십시오. 모든 가르침은 당신에게 유익한 것이니, 인내하며 이런 글을 읽으십시오. 어린 아이처럼 외적인 소리를 통하여 기쁨을 취하지 말고, 지혜자처럼 능력이 숨겨져 있는 말씀을 분별하십시오. 주님의 복음은 능력의 말씀에 의해 우리에게 전파되었기 때문입니다(딤전 1: 5).

40. 다양한 일에 대한 설명을 들으려 하지 말고, 완전한 분의 말씀 듣기를 사모하십시오. 그 말씀이 온전한 삶의 길을 보여줄 것입니다.

41. 마음의 생각에 주의하십시오. 악한 생각이 마음속을 스쳐 지나갈 때에 놀라지 마십시오. 주님이 보시는 것은 당신 마음에 일어나는 순간적인 생각이 아니며, 당신이 마음속에 있는 악한 생각을 통해 즐거움을 얻으려 하는지 아닌지를 알기 위해 당신 마음의 중심을 보십니다. 미워하는 생각이 마음 표면을 떠 다닐 수 있습니다. 그 미워하는 생각을 쫓을 수 있는 것은 마음속에 있는 의식이며, 주님은 그것을 감찰하십니다. 그분은 마음을 스쳐 지나가는 것을 심판하는 것이 아니라, 미운 생각보다 더 깊은 곳에 있는 것, 즉 마음의 중심에서 나타나 은밀한 손으로 사람을 몰고 가는 생각들을 심판하십니다. 그분은 마음 깊은 곳에서부터 나오는 생각들을 용서하지 않으십니다. 왜냐하면 그것들은 마음의 표면을 지나가는 생각들을 몰아내기 때문입니다. 그는 마음으로 들어가는 생각들을 심판하십니다.

42. 미워하는 생각이 당신의 마음속에 머물면서 둥지를 찾는다 할지라도, 당신 마음의 더 깊은 곳에 그 생각을 혐오하며 다투는 생각이 있다면 놀라지 않아도 됩니다. 그 악한 생각은 근절될 수 있으며, 따라서 그로 인해 심판을 받지 않을 것이기 때문입니다. 반대로, 마음 깊은 곳에서 나오는 선한 생각은 마음에서 일어나는 모든 악한 생각을 방지해 주기 때문에, 그런 경우에 당신은 큰 상급을 받게 됩니다.

43. 당신의 마음이 좋아하는 악한 생각을 경계하십시오. 왜냐하면 이미 마음 안에 그 생각을 위한 기초가 놓여 있기 때문입니다. 그것은 하나님의 심판 아래 있는 것들이며, 그런 생각들에 대해서

는 형벌이 선포되어 있습니다.

44. 무엇보다도 성경 읽기에 힘쓰십시오. 기도 중에는 자주 마음의 분심이 생기지만, 말씀을 읽는 중에는 산만했던 마음도 다시 집중되기 때문입니다.

45. 당신의 내면에 있는 하나님의 사랑을 죽음보다 더 강하게 하십시오(아 8: 6). 죽음이 당신을 모든 욕망으로부터 자유하게 할진대, 하나님의 사랑이 당신을 모든 욕망으로부터 자유하게 한다는 것이 얼마나 더 적합한 것입니까!

46. 자랑할 것이 없다는 사실 외에는 아무 것도 자랑하지 마십시오. 뽐낼 것이 없다는 사실 외에는 아무 것도 뽐내지 마십시오. 진실로 자랑하지 않는 자에게는, 이렇게 자랑하는 것이 올바른 자랑입니다. 진실로 뽐내지 않는 자에게는, 이렇게 뽐내는 것이 바르게 뽐내는 것입니다. 하나님 안에서 기뻐하는 자에게는, 이렇게 기뻐하는 것이 바르게 기뻐하는 것입니다. 세상 일로 기뻐하지 않는 자라면, 이렇게 기뻐하는 것이 바르게 기뻐하는 것입니다.

47. 죄를 대적하는 일 외에는 어떤 일에도 경쟁해서는 안 됩니다.

48. 당신 자신에게 악이 있을 때에는 다른 사람의 악을 미워하지 말며, 자신 안에 있는 악을 미워하십시오.

49. 말보다는 행동으로 선한 행실을 찬양하십시오.

50. 말보다는 행동으로 증오심을 책망하십시오. 누군가가 악한 행실로 인해 책망받는 것을 볼 때에 그의 잘못에 관심을 갖지 말고, 당신 자신에게 책망 받을 일이 있는지 생각하십시오.

51. 무엇보다도 평화를 존중하십시오. 그러나 먼저 당신의 내면에 평화가 깃들도록 노력하십시오. 그렇게 하면 다른 사람과 평화를 유지한다는 것이 쉽다는 것을 알게 될 것입니다. 장님이 어떻게 다른 사람을 치료할 수 있겠습니까?

52. 평화를 방해하는 이유가 타당하다고 생각해서는 안 됩니다. 하나의 타당한 이유가 다른 것을 없애 버리지는 않기 때문입니다. 평화를 이루기 위하여 당신의 평화 의식을 사라지게 하는 모든 이유들을 제거하십시오.

53. 당신의 얼굴에 표면적인 존경심이 아니라 내적인 존경심을 나타내십시오.

54. 참 보물은 진리 안에 있음을 생각하십시오. 진리는 하나님의 사랑, 그의 지혜에 대한 깨달음, 그리고 그의 뜻의 성취에 있기 때문입니다. 이런 것들이 당신 안에 분명하게 정립되어야 합니다.

55. 당신의 선한 의지에서 벗어나 있는 모든 것을 경멸하십시오.

56. 항상 복음의 선포자가 되십시오. 복음적인 생활을 할 때, 당신은 복음의 선포자가 될 것입니다.

57. 다른 세상이 있다는 것을 세상 사람들에게 보여 주십시오. 이 세상을 멸시할 때, 당신은 다른 세상을 볼 수 있을 것입니다.

58. 나의 형제 헤시키우스(Hesychius)여, 우리가 거짓된 세상에 살고 있다는 것을 깨달아야 합니다. 만일 우리가 지금 방황하고 있다는 사실을 안다면, 오류가 우리를 간교한 모습으로 속이지 못할 것입니다. 그것은 꿈을 보는 사람과 같습니다. 꿈 속에서 보는 것이

참이 아니라는 사실을 안다면, 그들은 자기들이 보는 것에 유혹되지 않을 것입니다. 이것은 세상에서 기만적인 상태로 생활하고 있음을 알 자격이 있다고 생각되는 사람에게도 똑같이 적용됩니다. 그런 사람은 물질적인 사랑에 동요되지 않습니다.

59. 사랑하는 이여, 육체를 벗어버리기 전에 자신을 온전하게 하십시오. 매일매일을 마지막 날이라고 생각해야 합니다. 구원이라는 상품을 찾는 사람들처럼, 당신은 날마다 손해가 생겼는지 이익이 생겼는지를 알기 위해 자신의 상품을 평가해야 합니다.

60. 저녁이 되면 생각을 하나로 모아 하루 동안의 생활을 점검하십시오. 당신을 위한 하나님의 섭리적 돌보심을 살펴 보십시오. 하루 동안 당신에게 주신 은혜를 생각하십시오. 떠오르는 달, 낮의 밝은 빛, 모든 시간과 순간, 시간의 나뉨, 다양한 색깔, 피조물의 아름다운 장식, 당신 자신의 신체적인 성장과 당신의 인격이 어떻게 보호되었는가를 깊이 생각하십시오. 불어오는 바람, 잘 익은 갖가지 과일, 그리고 이것들이 어떻게 당신에게 평안을 주며, 당신이 어떻게 많은 사고들로부터 보호를 받아 왔는지를 생각하십시오. 그리고 다른 모든 은혜로운 활동을 생각하십시오.

이 모든 것을 생각할 때 당신을 향한 하나님의 경이로운 사랑이 당신 안에서 샘솟을 것이며, 그의 은혜로운 행동에 대한 감사가 당신 안에서 솟구칠 것입니다.

61. 이런 은혜로운 행동과 반대되는 일을 했을 때에도 스스로 '내가 오늘 하나님을 노하게 한 것이 무엇인가', '나를 창조하신 분의 뜻에 거슬리는 말과 생각을 했는가'를 물으십시오. 만일 하나님

을 노하게 한 일이 있다면, 잠시 일어서서 기도하고 당신이 사역을 통하여 받은 그분의 은혜에 감사하며 당신이 잘못 행한 것을 위해서 간구하십시오. 그렇게 하면 당신은 죄사함을 받고 평화롭게 잠들 수 있을 것입니다.

62. 다른 사람에게 잘못한 사람을 일흔 번의 일곱 번이라도 용서해야 한다고 명령하신 하나님이실진대 죄를 위해서 간구하는 사람에 대한 하나님의 용서는 얼마나 크겠습니까?(마 18: 22)

63. 우리보다 더 유명한 사람이 우리에게 화를 냈다고 해서 두려움과 슬픔 속에서 잠드는 것은 어리석은 일입니다. 반대로 우리는 하나님의 은혜에 감사하지 않고 매일 하나님을 분노하게 했다는 사실에 대해 깊이 회개하는 마음으로 조용히 잠이 들어야 합니다.

64. 우리는 매일 이런 목표를 가지고 전 생애를 살아야 합니다. 매일 아침에는 밤 동안의 봉사를 되돌아 보아야 하며, 매일 저녁에는 낮 동안의 봉사를 되돌아 보아야 합니다. 하나님의 뜻을 따라 순결함 가운데 생활을 온전하게 하십시오.

65. 하나님 앞에 서서 기도할 때, 마음을 집중하도록 힘쓰십시오. 모든 산만하게 하는 생각을 밀어내십시오. 영혼으로 하나님의 참된 임재를 경험하십시오. 생각의 움직임을 깨끗하게 하십시오. 만약 그것들과 싸워야 한다면, 포기하지 말고 지속적으로 싸우십시오. 하나님께서 당신의 지속적인 싸움을 보시는 순간, 갑자기 하나님의 은혜가 당신에게 임할 것입니다. 그 때 당신의 마음은 정열로 불타는 것과 같은 힘을 발견할 것이며, 영혼의 생각이 빛을 발할 것입니다. 또한 하나님의 존귀하심에 대한 놀라운 직관력이 당신 안에 생

길 것입니다. 이 모든 것은 그런 간구와 명석한 이해의 결과로 주어집니다. 우리가 냄새 나는 통 안에 향수를 놓지 않듯이, 이그러진 마음속에서는 진정한 하나님의 존귀에 대한 직관력이 생기지 않습니다.

66. 기도를 시작할 때 하나님의 임재 속에서 '거룩 거룩 거룩, 전능하신 주님, 주님의 영광이 하늘과 땅에 충만하도다' (사 6: 3)[4]라고 말하십시오. 기도할 때에 기도에 적합한 것이면 무엇이든지 기도하며, 그 기도의 내용 속에 하나님의 교회, 연약하고 상처받은 자를 위한 간구, 방황하고 있는 자를 위한 간구, 죄 지은 자를 위한 사랑, 잘못된 일을 범한 자에 대한 용서를 포함시키십시오.

67. 영혼의 생각으로 계속 다음과 같이 말하며 하나님 앞에서 간구하십시오: '오 하나님, 크신 은혜로 저를 가치 있는 사람이 되게 하소서. 그리고 당신이 오시는 그 크신 날에 당신의 공의로 나를 심판하지 마소서. 오 하나님, 제가 당신의 진정한 지식과 당신의 진정한 사랑 안에서 당신의 기대에 걸맞는 사람이 되게 하소서.' 간구를 마칠 때는 그리스도께서 제자들에게 가르치신 기도로 마치십시오. 이 모든 일에 부지런하고 주의 기도를 묵상하십시오. 그리하면 당신은 하나님과 사람 앞에서 기도할 수 있을 것입니다.

68. 형제여, 당신은 자신의 생의 마지막이 마음속에 그려진 거룩한 아름다움으로 장식될 것이라는 확신을 가져서는 안 됩니다. 그런 생각은 당신의 해이하게 만들 것이며, 결국 이런 것을 행하기 전에 당신을 게으르게 만들 것입니다. 항해하는 배가 안전하게 항구에 입항할 것을 확신할 수 없듯이, 우리도 인생의 항해에 어려움이

없으리라고는 확신할 수 없습니다.

69. 항상 자신의 임종의 모습을 눈 앞에 두면, 우리의 삶은 선행으로 점철될 것입니다. 왜냐하면 사람이 내일에 대한 기대 없이 생활할 때에는 오늘 하루뿐이라는 생각으로 생기는 두려움이 그의 안내자 역할을 하기 때문입니다. 사람이 자신의 생명이 하루뿐이라고 생각하며 내일을 의지하지 않을 때, 그는 온갖 죄와 나태함에 직접 관계하게 됩니다.

70. 당신이 이해하는 범위 내에서, 그리고 당신의 생활 방법에 적합한 범위내에서, 나는 당신의 사랑의 강권을 받아 이와 같은 것들을 몇 자 적었습니다. 그것은 그리스도 안에 있는 당신의 지혜와 우리 사이의 평화 덕분입니다. 당신을 그처럼 영광스런 상태로 만드신 우리 주께서 허락하시사 당신이 참으로 이것을 얻으며, 당신의 삶을 지키시는 그 자비로 말미암아 주님의 소유가 되기를 기원합니다. 그리고 우리 주님이 다시 오시는 그날까지 당신이 생명의 신앙 안에 견고히 서 있기를 바랍니다. 그리고 당신도 나를 위하여 그리스도의 자비를 구하여 그분이 심판날에 나도 사랑할 수 있도록 해 주기를 부탁합니다.

PHILAXENUS OF MABBUG

제6장
마북의 필록세누스

필록세누스는 5-6세기 시리아의 주요한 작가요 신학자이다. 그는 칼케돈 회의에서 확정된 바 신앙에 대한 기독론적 정의를 열렬하게 반대한 것으로 알려져 있다. 그러나 필록세누스는 단지 그 당시 교회 정치의 최전선에 섰던 사납고 열정적인 반대주의자는 아니다. 그는 상당한 능력을 지닌 창조적인 신학자였으며, 고국인 시리아의 전통과 그리스 전통을 놀라운 방법으로 융화시켰다.

필록세누스는 로마 제국 밖에서 태어났는데, 그곳은 지금의 키르쿡(이라크) 근방이다. 그리고 그는 '페르시아 학교'라고 알려진 에뎃사에 있는 유명한 신학교에서 교육을 받았다. 5세기 중엽 교리 논쟁이 한창일 때 그 학교의 선생들은 안디옥 신학 전통, 특히 몹수에스티아의 데오도르(Theodore of Mopsuestia)의 신학 전통을 따랐다. 그러나 필록세누스를 포함한 몇 명의 학생들은 이것에 반대하고 시릴의 알렉산드리아 전통을 지지했다. 어떤 자료에 의하면 그가 추방된 것은 이것 때문이라고 한다. 안디옥의 대주교 피터(Peter the Fuller)와의 친구였기 때문에 필록세누스는 시리아 교회에서 곧 유명한 인물이 되었으며, 485년에는 마북(안디옥의 북동쪽)의 감독에 임명되었다. 감독으로서의 많은 활동 중에 그는 신약 성경의 시리아어 개역을 후원했는데, 이 작업으로 말미암아 시리아 성경은 당시의 그리스 원문과 더욱 가까워졌다. 518년 아나스타시우스 황제가 사망한 후, 그의 후계자 저스틴(Justin)은 제국의 종교 정책을 바꾸었으며, 모든 감독들로 하여금 칼케돈 회의와 믿음에 대한 논쟁적인 정의를 받아들이도록 했다. 필록세누스는 이것을 거절하여 감독직을 박탈당

하고 추방되었고, 그로부터 5년 후 파플라고니아(Pophlagonia)에서 사망했다.

필록세누스의 저술은 주석적인 것, 교리적인 것, 금욕적인 것 등 세 부류로 나누어진다. 먼저 주석적이고 교리적인 범주에 속하는 『요한복음 서론 주석』(*Commentary on the Prologue of John*), 그리고 『삼위일체와 성육신에 대한 3편의 논문』(*Three Tractates on the Trinity and the Incarnation*)은 충분한 언급을 위하여 별도로 다루려 한다.

세번째 부류의 글들은 종교적인 생활에 대한 깊은 관심을 나타내 주는 글로서 필록세누스의 다른 면을 보여 준다. 가장 잘 알려지고 영어판으로 오랫동안 사용된 것은 13편의 담화집이다. 주제의 범위는 그 책의 제목에 잘 나타나 있다: 서론(1), 사람이 붙들어야할 첫째 명령(2), 믿음(3-4), 평온(5), 하나님 경외(6-7), 자신을 비움(8), 탐욕(9), 금욕(10), 마음의 간음(12-13).

셋째 부류에 속하는 것으로 구분되는 여러 편지들 중에 여기 번역된 것은 첫번째 것이며, 제목은 '성령의 내재에 관하여'와 에뎃사의 은자인 파트리시우스(Patricius)에게 보내는 긴 편지이다. 2번째 편지인 '영혼에 대한 열정과 그리스도의 명령에 대하여'라는 저서는 그리스어로 번역되었으며, 매우 특이하게도 니느웨의 이삭의 저술들과 함께 출판되었다.

필록세누스의 근본적인 사고 형태는, 보완적인 형태로 그리스도의 삶과 그리스도인의 삶을 특징짓는 이중적 존재 양식에 대한 개념이다. 이 두 가지 존재 형태를 그는 육의 형태와 영의 형태라고 부른다.

성육신 전에 로고스는 본질상 영의 형태로 존재했다. 그러나 성육신 후에는 기적에 의해 육의 형태로 존재한다. 반면에 세례 받기 전의 그리스도인은 본질상 육의 형태로 존재한다. 그러나 세례 후에는 남녀 모두가 기적적으로 영의 형태로 존재한다. 이런 사고의 유형은 그리스도인의 생활에 있어서 세례의 위치를 크게 부각시켰으며, 동시에 성육하신 그리스도의 생명과 그리스도인의 세례받은 생명을 상호 유사한 형태로 제시해 주는데, 이러한 유사성은 그리스도를 본받는다는 것을 이해하는 데 있어서 중요한 의미를 갖는다.

필록세누스는 세례받은 그리스도인에게 가능한 의의 길과 온전함의 길을 언급하면서『단계의 책』(Book of Steps)을 인용했다. 그는 의의 길을 세례받기 전의 그리스도의 삶의 시기에 해당하는 것으로 보고, 그때 그가 의(율법)의 모든 요구를 수행하고 있었다고 보았다. 반대로 온전함의 길은 세례받은 후의 그리스도의 삶에 해당하는 것으로 보여진다. 다른 곳에서 필록세누스는 의의 길을 모태 안에 있는 태아의 성장과 비교한다. 이러한 유형에서 출생은 온전함의 길에 있어서 입구에 해당된다. 세례 후에 이루어지는 두번째 영적 출생을 그는 첫번째 출생인 세례에 대한 통각(統覺)이라고 부른다. 다른 곳에서 그는 두 개의 세례에 대해서 언급하는데, 첫째는 하나님의 은혜로 되어지는 은혜의 세례요, 두번째는 당신 자신의 의지로 받는 세례인데, 그 때 당신은 하나님의 사랑 안에서 세상에서 나아와 세례를 받게 된다.

세례받은 후의 생활에서는 그리스도인이 의의 길을 따르든 혹은

온전함의 길로 계속 나아가든 성령의 임재와 역사가 매우 중요합니다. 세례 때에 그리스도인은 성령을 옷 입게 된다. 그리고 성령은 그리스도인 안에 영원히 거하면서 그의 영혼의 영혼이 된다. 세례를 받은 후의 범죄가 세례 받은 사람의 내면에 거하는 성령의 임재에 미치는 결과에 대해서는 이미 아프라하트가 그의 **Sixth Demonstration**에서 논의했다. 어떤 사람이 동일한 질문을 필록세누스에게 제기하면서 세례 받은 자가 범죄할 때 성령이 떠나는가 아닌가를 질문했다. 성령은 배교와 같은 죄를 범했을 때만 떠난다고 부정적으로 대답하는 그의 흥미로운 편지는 여기 번역된 4개의 본문 중 첫번째에서 발견할 수 있다. 나머지 3개는 특히 기도에 대한 짤막한 단편인데, 지금 분명히 확인할 수 없는 장문의 글들 중 초기작품에서 발췌한 것이다.

성령의 내재에 대해서

　사람이 죄를 질 때에는 성령이 떠나가고 회개할 때 성령이 돌아오느냐고 물은 사람에게 거룩한 필록세누스는 다음과 같이 대답했습니다.
　이런 류의 질문에 대하여 우리 자신의 생각이 아닌 성경의 가르침에 근거해서 대답해야 합니다. 왜냐하면 실제적인 신앙 생활에서 야기되는 모든 문제에 대한 해답은 성경에서 찾을 수 있기 때문입니다. 우리는 아무 것이나 질문해서는 안되며, 타당하고 올바르게 제기된 질문만 해야 합니다. '사람이 범죄하는 동안에는 성령이 떠나가시고, 회개하는 순간에 돌아오시는가?' 라는 질문을 하는 제자의 목적은 죄를 범하지 않는 방법을 묻는 것, 혹은 범죄했을 경우에 속히 그 죄에서 돌이켜 회개할 수 있는 방법을 물으려는 것이 아니겠는가?
　범죄하지 않는 방법에 관해 사람이 제기할 수 있는 많은 미묘한 질문들이 있으며, 우리를 범죄하게 하는 악마가 놓은 교활한 함정들도 그만큼 많습니다. 마귀의 첫번째 목적은 우리를 덫에 걸리게 하는 것입니다. 일단 그것이 이루어지면 그 속박에서 벗어나지 못하게 하는 다음 수단을 강구합니다. 속박되었다는 생각과 일단 속박되면 빠져 나올 수 없다는 생각을 갖게 하는 것이 원수의 목적인 것처럼, 죄를 짓지 않는다는 생각과 죄를 지었을 때 회개한다는 생각을 갖는 것은 은혜롭고 유익한 격려입니다.

이제 우리가 죄를 범할 때 성령이 떠나시는가 그렇지 않은가에 대해서, 이 내용을 논했던 사람들과 이 문제에 대해서 배울 필요가 있는 다른 사람들의 유익을 위하여 간략히 설명하도록 하겠습니다.

하나님의 은혜로 말미암아 세례를 받을 때 우리는 세례의 물로부터 성령을 받았습니다. 그러나 우리가 성령을 받은 목적은 잠시 머물다가 언젠가는 떠나셔야 하는 분을 받은 것이 아닙니다. 우리는 그의 성전이 되어야 합니다. 그는 계속 우리 안에 내재해야 합니다. 바울은 "너희가 하나님의 성전인 것과 하나님의 성령이 너희 안에 거하시는 것을 알지 못하느뇨"(고전 3: 16)라고 했으며, 또 "너희 몸은 너희가 하나님께로부터 받은 바 너희 가운데 계신 성령의 전인 줄 알지 못하느냐 너희는 너희 것이 아니라 값으로 산 것이 되었으니 그런즉 너희 몸으로 하나님께 영광을 돌리라"(고전 6: 19-20)고 말했습니다.

만약 당신 안에 하나님의 성령이 거하기 때문에 당신이 하나님의 성전이라면, 행위로나 생각으로 지은 어떤 죄도 하나님의 성전을 파괴할 수 없습니다. 왜냐하면 행위로 지은 죄는 하나님을 부인하는 것과는 전혀 다른 것이기 때문입니다. 비록 우리가 행하는 일을 통해 죄를 범하더라도 하나님께 대한 우리의 믿음은 흔들림 없이 유지되며, 그것으로 하나님의 자녀라는 신분이 상실되지는 않습니다. 이것은 마치 자연적인 아들의 경우, 그가 아버지에게 아무리 잘못을 하고 거역해도 아버지에게 죄를 지었다는 사실로 인해 그 아버지의 아들이라 불리는 것이 중단되지는 않는 것과 같습니다. 아무리 아들이 잘못하고 죄를 지어도 아버지가 그와 단절하기를 원하지 않는 한 그의 아들이라는 신분을 끊을 수 없습니다.

아버지의 재산을 낭비하며 창녀들과 살며 재산을 탕진한 탕자의 경우도 마찬가지였습니다. 그는 모든 죄에도 불구하고 아들이라는 명예로운 신분을 상실하지 않았습니다. 오히려 그는 속박의 땅에 있었을 때 "내 아버지에게는 양식이 풍족한 품군이 얼마나 많은고 나는 여기서 주려 죽는구나"(눅 15: 17)라고 생각했습니다. 그가 죄인이며 아버지께 받은 모든 재산을 탕진하는 죄를 범했음에도 불구하고 여전히 하나님을 아버지라고 불렀습니다. 이것은 그가 하나님을 아버지로 부를 수 있는 한 성령의 은혜가 그를 떠나지 않았음을 의미합니다.

우리 안에 거하는 성령의 권위가 아니라면, 우리는 감히 이러한 용어를 사용할 수 없고 하나님을 아버지라고 부를 수 없습니다. 세례 때에 성령을 통하여 하나님의 자녀로 거듭 나지 않은 사람들은 이러한 용어를 사용할 권리가 없습니다. 그들은 "하늘에 계신 우리 아버지 이름이 거룩히 여김을 받으시오며"라고 말할 수 없습니다. 그 이유는 그들 안에 이러한 권리를 주는 성령이 없기 때문입니다. 그런데 그들이 거룩한 신비에 다가갈 때 새로 세례 받은 모든 사람들이 우리 주님으로부터 유전된 전통을 따라 이러한 기도를 확신 있게 반복하며, 그때 그들은 거룩한 신비에 이르게 된다는 것은 다 아는 사실입니다.

어떤 점에서는 크든 작든, 생각으로든 행위로든, 우리 모두는 죄인입니다. 우리 중 어떤 사람도 죄책이 없는 사람은 없습니다. 우리 모두가 죄인이며 우리가 범죄할 때에 성령이 떠난다면, 우리가 거룩한 신비로 나아갈 때 어떻게 "하늘에 계신 우리 아버지여!"하고 담대하게 부를 수 있겠습니까?

우리가 죄을 지을 때 성령이 떠난다면 무슨 권세로 하나님을 아버지라 부를 수 있겠습니까? 만일 우리를 그렇게 하도록 허락하시는 성령이 없는데도 하나님을 아버지라고 부른다면 그것은 하나님께 대한 큰 범죄요, 반역이 되고 마치 하늘에 오르기 위해 바벨탑(창 11: 9)을 쌓았던 사람들, 혹은 무모하게 자신을 신으로 만들고(단 3) 자신을 위하여 자기에게 주어지지 않은 영광을 취하려 하여 그 결과 가지고 있던 영광마저 빼앗긴 사람과 같이 될 것입니다.

그러나 실제 하나님을 아버지라고 부르는 신실한 사람은 자기 의지로 그런 일을 하지 않습니다. 그러나 사람들을 지도하는 사제는 그들이 이렇게 부르는 것을 허락합니다. 만약 죄를 짓는 모든 사람으로부터 성령께서 떠나신다면, 그는 다른 사람들이 하나님을 아버지라고 부르는 것을 허락할 권리는 물론이요 스스로도 하나님을 아버지라 부를 수 없게 될 것입니다. 왜냐하면 만약 바울의 말이 사실이라면 사제이든 신자이든 우리 중에 완전히 자유로운 사람은 없기 때문입니다.

바울은 "거룩하고 악이 없고 더러움이 없고 죄인에게서 떠나 계시고 하늘보다 높이 되신"(히 7: 26) 분은 오직 한 분 예수 그리스도 밖에 없다고 했으며, 계속해서 "서서 제물을 드리고 죄를 위한 희생을 드리는 모든 대제사장은 먼저 자신을 위해 제물을 드리고 그 후에야 백성을 위하여 제사를 드릴 수 있다"(히 7: 27)고 말합니다.

 모세의 율법을 가지고 하나님께 제사를 드렸던 모든 제사장들이 먼저 자신을 위해서 제사를 드린 후에 백성을 위해서 제사를 드렸던 것처럼, 신약 시대에도 모든 제사장들은 먼저 자신을 위하여 하나님께 합당한 제사(롬 12: 1)를 드린 후에 백성을 위하여 제사를 드리는 것이 주지의 사실이었습니다. 제사장은 기도를 통하여 먼저 자신의 죄의 용서와 죄악된 생각과 행위로부터 자신의 영혼과 육체가 정결해지기를 구합니다. 모든 제사장은 자신의 영혼이 순결한 정도에 따라서 이러한 기도를 하나님께 드립니다. 거룩한 제사를 마치고 성령의 역사로 신적인 성찬을 성취한 후에, 그는 먼저 자신이 성례를 받은 후에야 다른 사람들에게 성례를 베풉니다. 그는 전 교회 앞에서 성례를 통하여 속죄를 받기 위해 먼저 성례를 행한다고 공포합니다. 그 후에야 그는 백성을 위하여 성례를 베풀 수 있으며, 그가 먼저 자신을 위해서 드리고 백성을 위해서 드렸던 기도가 행동으로 나타나게 됩니다. 왜냐하면 그가 먼저 자신을 위해서 기도하지 않았다면 성만찬에 먼저 나아갈 수 없을 것이기 때문입니다. 그래서 그의 제사는 그가 죄인이며, 죄인으로서 속죄를 받기 위해 성례를 행한다는 것을 증거해 줍니다. 그리고 같은 상황에 있는 모든 사람에게 성례를 행합니다.

 이런 이유 때문에 그는 그들에게 성찬을 베풀 때 예수님이 제자들에게 성찬을 베푸시면서 하셨던 말씀을 회상하면서 '죄사함을 위한 하나님의 몸'이라고 외치며, '과실의 용서를 위한 하나님 아들의 피'라고 외칩니다.

저희가 먹을 때에 예수께서 떡을 가지사 축복하시고 떼어 제자들을 주시며 가라사대 받아 먹으라 이것이 내 몸이니라 하시고 또 잔을 가지사 사례하시고 저희에게 주시며 가라사대 너희가 다 이것을 마시라 이것은 죄 사함을 얻게 하려고 많은 사람을 위하여 흘리는 바 나의 피 곧 언약의 피니라(마 26: 26-28).

우리는 주님의 성찬에 나아갈 때 부족한 죄인의 모습으로 나아갑니다. 왜냐하면 질병이 있는 자가 아니면 약이 필요 없고, 병든 자가 아니면 치료가 필요없기 때문입니다.

건강한 자에게는 의원이 쓸 데 없고 병든 자에게라야 쓸데 있느니라(마 9: 12).

사제이든 신자이든 성찬에 나아가는 모든 사람은 죄사함을 위하여 성찬을 받습니다. 우리가 죄인이기 때문에 성령이 우리 안에 거하지 않는다면, 사제가 무슨 권세로 성령을 간구할 수 있으며 사람들을 성찬에 나아오게 할 수 있겠습니까? 더욱이 만일 성령이 우리 안에 거하지 않고 세례가 아무 효력도 없다면, 우리가 어떻게 성찬에 참여할 수 있겠습니까?

만일 우리가 죄를 지을 때마다 성령이 떠난다면, 세례 또한 우리에게서 떠난다는 것은 분명합니다. 왜냐하면 우리가 받는 세례는 성령에 의해 되어지는 것이기 때문입니다. 주님이 제자들에게 "요한은 물로 세례를 주었거니와 너희는 몇 날이 못되어 성령으로 세례를 받으리라"(행 1: 15)고 말씀신 것은 마가의 다락방에 불의 혀로 임했던 성령을 말씀하신 것이었습니다. 그 때 사도들의 세례는 성령으로 되어졌기 때문에, 그는 성령의 임함을 세례라고 불렀습니다. 왜냐하면 그들은 이미 세례 요한에게서 물세례를 받았기 때문이었습니다.

이것은 지금 세례를 받은 우리에게도 마찬가지입니다. 우리가 물로 세례를 받았든 기름으로 세례를 받았든, 우리가 죽으면 그것은 아무 것도 아닙니다. 그러나 물과 기름을 통하여 우리의 몸과 영혼 속에 섞여 있는 성령은 현세에서나 내세에서도 우리와 함께 계십니다. 그분이 우리의 진정한 세례이며, 이러한 이유 때문에 우리는 항상 세례 받은 자로 남습니다. 왜냐하면 성령이 우리와 항상 함께 하시며, 간음이든 도둑질이든 음행이든 거짓 증언이든 어떤 종류의 죄도 우리에게서 세례를 없애지는 못하기 때문입니다. 하나님을 부정하고 귀신과 교제할 때만 성령이 떠납니다. 이는 성령은 사탄이 거하고 있는 곳에 같이 거할 수 없기 때문입니다.

> 그리스도와 벨리알이 어찌 조화되며 믿는 자와 믿지 않는 자가 어찌 상관하며 하나님의 성전과 우상이 어찌 일치가 되리요(고후 6: 14).

만일 세례 때에 받은 성령을 받은 사람에게서 성령이 떠난다고 말하는 것이 허락된다면, 성령이 떠나는 것은 죄의 결과입니다. 즉 이러한 타락의 상황에서 떠난다는 것입니다. 그러므로 그러한 일들을 그저 죄라고 부르는 것은 옳지 않습니다. 하나님을 부인하는 것은 단순히 죄에 그치는 것이 아닙니다. 그것은 하나님의 통치에 대한 반역입니다. 그것은 하나님을 대적하여 전쟁을 벌이는 적대 상태입니다.

　황제의 신민인 도시인들과 농민들이 공개적으로든 은밀하게든 아무리 그의 법을 어기는 죄를 지었다 할지라도, 만일 황제의 동상을 부수지 않고 황제의 초상화를 불태우지 않았다면 그것은 반역이 아닙니다. 그러나 이러한 일이 군중 사이에서 반동의 결과로 일어난다면, 즉시 진압될 것이며 선동자는 사형 선고를 받을 것입니다. 이런 일이 일어나 반정부적인 폭도가 도시에 나타나고 백성들이 그와 함께 모든 황제의 동상과 초상화를 부수며 반란을 일으킨다면, 그들은 이러한 행동으로 도시에 대한 황제의 권위를 거부하며 그에 대한 공개적인 반란을 감행할 것입니다.

　이러한 상황은 세례의 신앙을 고백한 후에 귀신에게 제사를 드리거나 마법을 행하는 자들과 교제를 하며 하나님을 거부하는 사람들의 경우와 유사합니다. 그들은 이전 황제의 법을 거부하고 다른 폭군의 법을 인정했기 때문에 세례 때에 받았던 성령이 그들로부터 떠나는 것입니다. 이것은 마치 폭동을 일으킨 폭군이 점거한 도시에서 제국 정부와 그 법이 사라지는 것과 같습니다.

　우리가 말한 것은 정확히 반대적인 관점에서 이해될 수 있습니다. 우상을 만들어 섬기는 이교도들과 저명한 그리스 철학자들 중에서 우리는 여러 덕목을 발견할 수 있습니다. 어떤 사람에게서는 정의를, 다른 사람에게서는 정직을 발견할 수 있습니다. 반면에 어떤 사람은 육체의 정욕을 억압하며 금전욕을 비소합니다. 또 어떤 사람에게서는 자연스러운 사랑을 발견할 수 있습니다. 그러나 사탄은 이 모든 것을 거부했습니다. 사탄은 자신의 수하에 있는 모든 사람들이 덕스런 사람으로 알려지기를 바라지 않습니다. 그러나 이들은 이런 덕들 때문에 사탄에게 반역하지는 않았으며, 그래서 이런 덕목을 가지고 있다고 해서 그들이 사탄을 거부하고 하나님을 인정했다고 말할 수는 없습니다. 오히려 그들에서 발견된 이러한 덕목에도 불구하고 그들은 여전히 이교도와 귀신의 존재를 예배하는 자들로 불립니다. 왜냐하면 그들이 실제로 사탄을 거부하고 하나님을 인정한 것이 아니기 때문입니다.

오늘날 만일 세례 받지 않은 이교도나 사마리아인이 거룩한 세례에 참석한다면, 비록 그가 이전의 악한 행동을 회개하지 않는다 할지라도 사탄을 거부하고 그리스도를 인정하는 바로 그 사실이 그를 의인이 되게 할 것이며, 그리스도의 왕국에 들어가게 할 것입니다. 그는 분명히 사탄을 거부하고 그리스도를 인정하기 때문에 세례를 받고 성령을 받는 것이지, 그 자신의 행동으로 받는 것이 아닙니다. 그들은 이전에 온갖 종류의 악을 행한 자들인데 하나님을 믿는 믿음으로서가 아니라면 어떻게 이런 일이 일어날 수 있겠습니까? 그들이 성령을 받는 것이 오직 하나님을 믿고 세례를 받음으로만 된다면, 그것은 성령이 우리에게서 떠나는 것은 우리가 그의 이름을 부인하고 악한 세력과 교제하기 때문입니다. 왜냐하면 성령은 자기의 권위가 효력을 나타낼 수 없는 곳, 즉 그를 거부하는 사람 속에서는 거할 수 없기 때문입니다. 그는 이방의 객으로서 거하기를 원치 않습니다.

성령이 죄 때문에 우리를 떠나고 우리가 회개할 때 다시 온다는 데 반대하는 사람이 있다고 생각해 보십시오. 만일 성령이 우리를 떠난다면, 우리의 죄를 회개시키기 위해서 우리 안에 역사하는 분이 누구입니까? 성령이 없다면 회개는 일어나지 않습니다. 회개는 금식과 철야, 자선과 기도, 영혼에 대한 계속적인 사랑과 계속적인 눈물, 그리고 말할 수 없는 탄식과 함께 이루어지며 이 모든 것이 성령으로 말미암아 되어집니다. 바울은 "우리가 마땅히 빌 바를 알지 못하나 오직 성령이 말할 수 없는 탄식으로 우리를 위하여 친히 간구하시느니라 마음을 감찰하시는 이가 성령의 생각을 아시나니 이는 성령이 하나님의 뜻대로 성도를 위하여 간구하심이니라"(롬 8: 26-27)라고 말했습니다.

회개를 일으키는 모든 선한 자극은 성령의 역사입니다. 이러한 선한 자극을 완성시키는 순수한 기도도 역시 성령의 역사로 말미암는 영혼의 각성으로부터 이루어집니다. 그분은 은밀한 방법으로 우리의 죄를 회상시키며 깊은 탄식을 일으킨다.

만일 우리가 죄를 짓자 마자 성령이 우리를 떠난다면 누가 우리 안에 회개의 마음을 일으키겠습니까? 아마 우리 자신의 의지로 그런 마음이 일어난다고 말할 수도 있을 것입니다. 그러나 누가 우리의 의지를 움직입니까, 그리고 누가 선한 행동을 하도록 도와줍니까? 바로 성령이 아닙니까? 당신은 바울이 "너희 안에서 행하시는 이는 하나님이시니 자기의 기쁘신 뜻을 위하여 너희로 소원을 두고 행하게 하시나니"(빌 2: 13)라고 말한 것을 듣지 못했습니까?

우리의 의지로 선한 것을 향하게 하시며, 우리의 의지를 통하여 그 일을 이루게 하시는 분은 바로 성령입니다. 당신은 "그렇다면 자유 의지란 없는 것인가"라고 반대할지도 모릅니다. 우리는 하나님의 형상을 닮은 자이므로(창 1: 26), 우리에게는 자유 의지가 있습니다. 그러나 그 자유 의지가 어떤 강압 하에 있는 것은 아닙니다.

나는 성령이 우리의 영혼에게 선을 행하라고 강요한다고는 말하지 않았습니다. 성령은 단지 그렇게 하도록 격려하며 자극합니다. 만약 성령이 영혼이 죄를 짓는 것을 막지 않는다면, 사람이 죄를 지을 때 성령은 어디에 있는 것입니까? 성령은 영혼으로 하여금 선을 행하라고 강요하지 않으며 악을 행하지 못하도록 억압하지도 않는다고 말한다면, 그 의미를 분명히 알 수 있을 것입니다. 두 경우에 있어서 성령은 우리의 의지에 자유를 주며, 행동을 하도록 격려하거나 반대하는 사람처럼 행합니다.

사탄이 강제적으로 우리를 이끌어 악한 일을 행하게 하지 않듯이, 성령도 강압적으로 우리로 하여금 선을 행하게 하지 않습니다. 단지 사탄과 성령은 우리의 감찰자로서 우리가 기울어지는 방향으로 우리를 자극합니다. 세례 받은 자가 죄를 범해도 세례 때에 받은 성령의 은혜가 우리 안에 거하는 것처럼, 이 은혜는 죄를 짓지 못하도록 강제적으로 우리의 의지를 억제하지는 않습니다.

그러나 우리가 죄를 향하여 기울어지는 것을 성령이 볼 때, 그는 우리에게 노하시며 은밀히 책망하십니다. 우리가 마음으로 그러한 책망을 받아들이고 신중하게 그 경고를 수용한다면, 죄를 향하는 우리의 마음은 억제될 것이며, 곧 우리의 마음에 은혜의 빛이 비치고 즉시 마음은 기쁨과 행복으로 충만해질 것입니다.

이것이 죄와 싸워 이기는 사람들에게 나타나는 모습입니다. 그러나 만일 성령의 음성을 듣지 않고 죄를 범한다면, 우리 영혼의 집은 곧 고통의 연기로 어둡고 침울해지며 슬픔과 후회로 가득 찰 것이고, 영혼의 얼굴은 부끄러움으로 채워질 것입니다. 그 때 성령은 근심하며 그 영혼으로부터 얼굴을 돌릴 것입니다.

바울은 이것을 염두에 두고서 "하나님의 성령을 근심하게 하지 말라 그 안에서 너희가 구속의 날까지 인치심을 받았느니라"라고 권고를 했습니다.

바울이 두 가지 문제에 대해서 어떻게 가르치고 있는지를 들었습니다. 우리가 죄를 범할 때에도 성령은 여전히 우리 안에 거하시며 우리의 죄로 인해 근심하십니다. 그래서 바울은 우리 안에 있는 하나님의 성령을 근심하게 하지 말라고 말합니다. 성령은 우리 안에 거하시면서 우리가 영혼의 은밀한 사역을 소멸치 않게 하기 위해 죄를 짓고 성령을 근심하게 만들지 못하게 경고하십니다. 바울은 다른 곳에서 "성령을 소멸치 말며"(살전 5: 19), 즉 범죄함으로 성령을 근심하게 하지 말라고 했습니다. 그렇지 않으면 그의 빛이 우리 영혼 안에서 소멸될 것이라고 말합니다. 그 빛이 우리 안에 타오를 때, 상상을 초월하며, 정사와 권세를 이기고(엡 6: 12), 공중의 악한 영들과 싸우며, 쾌락과 고통이 있는 모든 세상적인 것들을 거부할 수 있는 능력을 우리에게 줄 것입니다. 이 모든 것은 우리 안에 거하는 성령으로 말미암아 가능합니다. 이러한 성령의 능력을 알았던 바울은 "부지런하여 게으르지 말고 열심을 품고 주를 섬기라 무릇 하나님의 영으로 인도함을 받는 그들은 곧 하나님의 아들이라"고 경고했습니다.

성령은 항상 우리 안에 거하지만, 범죄하려는 자를 강제적으로 억압하지는 않습니다. 성령은 죄를 짓지 못하도록 가르치며 격려할 뿐입니다. 무식한 자들이 말하듯이, 성령은 우리 영혼이 죄에 거할 때 떠나가고 회개할 때 돌아오는 분이 아닙니다. 성령은 우리 안에 계시지만 활동하지 않을 뿐입니다.

우리가 범죄할 때, 마치 우리의 죄가 성령을 해치거나 그의 거룩이 우리의 죄에 연루되는 것처럼 혹은 그가 우리 안에 거하는 동안 우리의 죄로 인한 해를 방지할 수 없다는 듯이, 그가 우리를 떠날 이유가 무엇입니까? 만일 그렇게 된다면 그도 약해질 것이며 우리와 마찬가지로 해를 받을 것입니다. 그러나 절대로 그렇지 않습니다.

왜냐하면 성령은 우리 영혼 안에서 때때로 위축되기도 하지만 항상 우리 안에 거하기 때문입니다. 그가 스스로 위축되어도 떠나지는 않으며, 그가 빛을 발할 때 다른 곳으로부터 다시 들어오는 것이 아닙니다.

이것은 마치 우리에게 친밀한 햇빛이 눈을 감고 있어도 눈동자 안에 있으며 단지 눈꺼풀로 눈동자를 덮었기 때문에 빛을 볼 수 없는 것과 같습니다. 눈만 뜨면 그 안에 있는 빛을 항상 볼 수 있습니다. 마찬가지로 성령은 눈동자 안에 있는 빛처럼 우리 영혼 안에 있습니다. 그런데 만일 사람이 무지로 그를 덮어 버린다면 눈꺼풀이 눈동자를 덮어버리는 것처럼, 비록 성령이 그 영혼 안에 있어도 그를 볼 수 없습니다. 그러나 만일 우리 마음의 얼굴을 덮고 있는 무지를 제거하고 우리의 의지로 하여금 우리 안에 있는 성령의 빛을 향하게 한다면, 그 때 눈 안에 있는 태양 빛과 자연적인 빛처럼 빛과 빛이 만날 것이며, 그 두 빛의 결합으로 영적 시력은 회복될 것입니다.

따라서 우리가 범죄하면 성령이 떠나고, 회개하면 다시 돌아온다고 말하는 것은 옳지 않습니다. 왜냐하면 그것은 그가 연약하며 병적이고, 버림을 받아 멀리 떨어져 있으며, 우리가 회개하기를 촉구하는 분이며, 우리가 다시 의로운 상태가 될 때 우리 안에 거하기 위해 다시 돌아오는 분임을 나타내 주기 때문입니다. 만일 내가 의롭게 된 후에 그가 내 안에 거한다면, 그것이 무슨 유익이 되겠습니까?

만일 내가 실수할 때에 성령이 떠나간다면, 어떻게 그의 도움을 이해할 수 있겠습니까? 의사가 환자를 진찰하고서 그가 병들었으면 가 버리고 건강이 회복되면 돌아오겠습니까? 의사는 환자가 병들었을 때 돌보아 줍니다. 그러나 환자가 회복된 후에는 더 이상 의사가 필요치 않으므로, 의사는 다른 환자를 보러 갑니다.

만일 이들의 어리석은 견해가 옳으며, 진실로 성령이 영혼을 떠난다면, 영혼이 회복될 때에는 병들었을 때보다 떠나야 할 이유가 더 많다고 할 수 있습니다. 왜냐하면 주님은 "건강한 자에게는 의원이 쓸 데 없느니라"(눅 5: 31)고 하셨기 때문입니다.

이것에 대해서는 이 정도로 마치고자 합니다. 영혼은 병 들었을 때나 건강할 때나 성령의 임재를 필요로 합니다. 세례 때에 받은 성령은 한번으로 영원한 것이기 때문에 그를 부인하지 않는 한 결코 우리를 떠나지 않습니다. 믿음으로 말미암아 성령을 옷 입었다면 성령을 벗어 버리는 것은 오직 그를 부인하는 것으로써만 되어져야 하기 때문입니다. 이는 빛과 어둠처럼 믿음과 불신은 정반대의 것이기 때문입니다.

우리가 하나님으로부터 받은 성령은 우리 영혼의 영혼입니다.[2] 성령은 기름부음으로 사도들에게 임했으며, 사도들을 통하여 우리 모두에게 주어졌다. 우리는 처음 영혼 대신 성령을 받았는데, 이것은 마치 우리의 영혼이 우리 육체의 영혼인 것과 같이 성령이 우리 영혼의 영혼이 되시기 위해서였습니다. 아담이 처음 받았던 영은 하나님으로부터 주어졌다. 성경은 "그가 생기를 그 코에 불어 넣으시니 사람이 생령이 된지라"(창 2: 7)라고 말합니다. 신약 성경에 보면, "예수께서 저희를 향하여 숨을 내쉬며 가라사대 성령을 받으라 너희가 뉘 죄든지 사하면 사하여질 것이요 뉘 죄든지 그대로 두면 그대로 있으리라"(요 20: 22-23)고 말합니다.

주님이 말씀하신 것처럼, 죄를 용서해 주는 성령이 어찌 죄를 지을 때 떠날 수 있겠습니까? 그러므로 죄를 지을 때 성령이 떠난다고 말하는 것은 옳지 못합니다. 오히려 성령이 임할 때 죄가 떠나는 것입니다. 어둠이 빛을 없애는 것이 아니라, 빛이 어둠을 분산시키는 것입니다. 마찬가지로 죄를 범할 때 성령이 없어지는 것이 아니라, 성령이 임할 때 죄가 사라지는 것입니다.

만일 성령이 우리 영혼의 영혼이며, 처음 아담의 영혼의 경우처럼 우리 속에 불어 넣어진 것이라면, 그 영이 우리를 떠날 때에는 마치 육체 안에 있는 영혼이 떠나자마자 육체가 죽는 것처럼 우리의 영혼도 즉시 죽을 것입니다. 영혼이 떠나 죽은 육체는 더 이상 치료될 수 없기 때문에 약이 필요없는 것처럼—눈의 질병이 치료될 수 없고 부러진 발목도 다시 붙일 수 없으며, 오그라진 손을 바로 펼 수 없고 팔의 질병도 치료하거나 교정할 수 없습니다. 왜냐하면 치료를 가능하게 하는 생명이 육체로부터 떠났기 때문입니다—성령이 떠난 영혼도 이와 마찬가지입니다. 그러므로 그것은 시체와 같이 되어 더 이상 죄의 치료를 받을 수 없습니다. 왜냐하면 그 안에 성령의 생명력이 없기 때문입니다. 감각을 잃은 육체에게 약이나 붕대가 무슨 효력이 있겠습니까? 당신은 시체를 치료하거나 몸으로부터 잘려져 완전히 떨어져 나간 팔을 붙이는 의사를 본적이 있습니까? 이것은 영혼의 경우도 마찬가지입니다. 만일 세례 때에 받은 성령의 기운이 떠나간다면, 죄를 치료받을 수 있는 기회를 상실하게 되며 죄에 대한 회개를 요구할 수 없습니다.

세례 받기 전의 사람은 '옛사람'(엡 4: 22)이라 불리고, 세례를 받은 후의 사람은 '새 사람'(엡 4: 24)이라 불립니다. 이제 성령이 새사람의 영혼 속에 거하여 이생에서 뿐만 아니라 죽은 후에도 그 안에 머물며, 성인의 경우에는 그가 기적과 표적을 일으킵니다. 의인, 즉 사도들과 순교자들 및 모든 성인들은 자신들의 몸에 자연 상태의 영혼도 갖고 있지 않는 데 반하여—그것은 그들이 죽을 때 그들을 떠난다—성령은 그들 안에 여전히 머물러 표적과 기사를 일으킵니다. 그리고 악한 영은 그들 안에서 병과 질병이 떠나감으로 비통한 모습으로 탄식합니다.[3]

부활 때에 그 영혼은 그들의 몸으로 다시 돌아와 그들 안에 성령이 있음을 알게 됩니다. 왜냐하면 성령은 그들이 세례 때 받았을 때부터 그들을 떠나지 않았고 그렇게 할 수도 없었기 때문입니다. 우리의 부활 역시 우리 안에 계신 성령의 능력으로 되어질 것입니다. 왜냐하면 그들이 죽을 때에도 성령은 신실하신 분이기에 그들이 죽은 것이 아니라 단지 잠자는 자로 여겨지기 때문입니다.

> 형제들아, 자는 자들에 대해서는 너희가 알지 못함을 우리가 원치 아니하노니 이는 소망 없는 다른 이와 같이 슬퍼하지 않게 하려 함이라(살전 4: 13).

따라서 이런 이유 때문에 성령이 없는 이방인들과 유대인들은 죽어 잠자는 것이 아니라 진정으로 죽게 되는 것입니다. 죽은 시체에게는 어떤 영광도 주어질 수 없으며, 그들이 무덤에 묻히게 될 때

잠들어 있는 것이 아니고 정말 죽어 있기 때문에 시편도 찬송도 없을 것입니다.

　이와 대조적으로 세례 받은 신자의 죽음은, 비록 그가 죄인이며 수만 가지 잘못된 일을 했다 할지라도 만약 그가 믿음 안에서 죽고 세례를 부인하지 않았으며, 이교적인 세례 의식으로 기독교의 세례를 떨쳐버리지 않았다면—이때 그의 영혼은 육체를 떠나게 되고 그는 자연적인 죽음을 맞게 된다—죽음에서 그를 다시 살게 한 분의 육체를 입게 될 것입니다. 그것은 세례로 인해 다시 태어날 때 받은 성령이 그를 떠나지 않았기 때문입니다. 우리 주님께서는 "사람이 물과 성령으로 나지 아니하면 하나님의 나라에 들어갈 수 없느니라"(요 3: 5)고 말씀하셨습니다. 죄인이 세례를 받지 않는다면 어찌 그들의 육체가 영광스럽게 무덤으로 갈 수 있겠으며, 성령이 거기 계시지 않는다면 어찌 신령한 노래가 울려 퍼질 수 있겠습니까? 만일 죄인이 진정으로 죽는다면, 어찌 바울이 그를 잠자는 자라 부르겠습니까?

　만약 당신이 "악인의 죽는 것을 기뻐하지 아니하고 악인이 그 길에서 돌이켜 떠나서 사는 것을 기뻐하노라"(겔 33: 11)라는 선지자의 말을 인용하여 이 말씀이 죄인된 유대 백성에게 하는 말이며, 이런 이유로 에스겔 역시 "인자야, 내가 너를 이스라엘 족속의 파숫군으로 세웠으니"(겔 3: 17)하는 말씀을 들었다고 말한다면, 나는 확실하게 그 말씀은 그 당시 에스겔이 보냄을 받았던 유대인에게 선포된 말이며 오늘날도 역시 이 말씀은 믿음을 거부한 사람을 제외한 이방인과 유대인, 그리고 과거에 믿음을 가졌던 자들에게 적용된다고 대답하고자 합니다. 선지자의 말은 자기의 죄를 알지 못한 채 범죄하는 자들에게 적용됩니다. 세례 받은 죄인은 비록 그가 자기 영혼에 대하여 죽어 있을지라도 자기의 죄를 알지 못하기 때문에 그가 가지고 있는 세례의 은혜로 인하여 여전히 하나님께 대하여 살아 있습니다.

하나님은 죽은 자의 하나님이 아니요 산 자의 하나님이라(눅 20: 3).

그러므로 그들은 모두 하나님 안에서 살아 있습니다. 만일 이러한 것을 가능케 하는 성령을 모시고 있지 못하다면 어떻게 죄인이 성찬을 받기 위하여 나아갈 수 있겠습니까? 세례 받지 못한 사람이 성찬에 참여할 수 없듯이, 만일 성령이 죄인을 떠나는 것이 사실이라면 이것은 죄인에게도 동일하게 적용됩니다. 만약 죄인이 성찬에 참여할 수 없다면 과연 누가 참여할 수 있습니까? 그리고 "이것은 죄의 용서를 위해서 떼어 주는 바 나의 몸이라", "이것은 죄사함을 얻게 하려고 많은 사람을 위하여 흘리는바 나의 피니라"(마 26: 26-28)라는 말씀이 무엇을 뜻하는 말씀입니까? 세례 받지 못한 사람은 성찬에 참여할 수 없습니까? 그러나 만일 사람이 죄를 범할 때 성령이 떠난다면, 그 때 그의 세례 역시 떠날 것이며, 만일 그의 세례가 떠나고 세례 받지 않은 자가 된다면 그도 더 이상 성찬에 참여할 수 없을 것입니다. 만약 그가 성찬에 참여할 수 없다면 어떻게 속죄를 받으며 만일, 용서가 없다면 어떻게 회개가 이루어질 수 있겠습니까? 죄로부터의 회개가 없다면 어떻게 성령이 다시 돌아올 수 있겠습니까? 우리 주님은 이런 어리석은 생각을 공개적으로 반박했습니다.

> 내 살을 먹고 내 피를 마시는 자는 영생을 가졌고 마지막 날에
> 내가 그를 다시 살리리라(요 6: 54).

주님이 말씀하신 것처럼, 죄인이 믿음 안에서 주님의 살과 피를 받음으로 그는 주님 안에, 주님은 그 안에 거하며, 주님이 거하는 곳에 성령 또한 거합니다.

우리의 칭의로 말미암아 우리가 세례 때에 성령을 받았다면, 성령은 단지 의롭게 행동할 것이며, 우리가 죄를 범하면 떠나갈 것입니다. 그러나 우리가 성령을 받은 것이 은혜로 되어진 것이라면 그가 우리 안에 머무르는 것도 은혜로 되어질 것입니다. 그리고 우리가 믿음으로 세례 때에 성령을 받아 죄사함을 받고 하나님의 자녀의 신분으로 의롭게 되었기 때문에 그가 우리 안에 거하심을 믿는 한, 우리는 죄를 대적하라는 권면을 받습니다. 그리고 우리가 죄를 범하는 경우에도 그의 능력을 힘입어 속히 회개하게 될 것입니다.

왜냐하면 우리는 유대인의 경우처럼 우리에게서 떠나 없어지는 은혜를 받은 것이 아니기 때문입니다. 그들에게 선포된 말씀은 우리와는 관계가 없습니다.

> 내가 말하기를 너희는 신들이며 다 지존자의 아들들이라 했으
> 나 너희는 범인 같이 죽으며 방백의 하나 같이 엎더지리라(시
> 82: 6-7).

그 이유는 그들은 하나님의 종이 되는 은혜를 받았지만, 우리는

하나님의 자녀가 되는 은혜를 받았는 바 그것은 변치 않는 것이기 때문입니다.

> 너희는 다시 무서워하는 종의 영을 받지 아니했고 양자의 영을 받았음으로 아바 아버지라 부르짖느니라(롬 8: 15).

성찬식 때 우리가 하나님을 아버지라 부를 수 있는 것은 성령으로 우리에게 허락되었기 때문입니다. 하나님을 아버지로 부를 수 있는 권리가 성령으로부터 주어집니다. 우리 아버지를 부르며 성찬 받기를 원하는 자들은 모두 죄인입니다. 세례 후에 지은 죄로 인하여 우리는 열심히 성찬을 받으며, 그 때 우리는 죄인으로서 하나님을 아버지라 부릅니다. 우리에게 이렇게 할 수 있는 권리를 주신 분은 우리 안에 계신 성령입니다.

이 모든 내용으로 살펴볼 때, 하나님의 성령은 세례를 받은 자들이 죄를 지을 때도 떠나지 않습니다. 그들이 죄를 범할 때에도 그들 안에 머물러 그의 은혜를 나타내어 결국 나중과 처음이 같게 하십니다. 바울은 "이것이 너희에게서 난 것이 아니요 하나님의 선물이라 행위에서 난 것이 아니니 이는 누구든지 자랑치 못하게 함이니라"(엡 2: 9)라고 말했습니다.

나는 성령의 은혜에 관한 어리석은 견해, 그리고 성령이 연약하여 사람에게 도움이 될 수 없다고 주장하는 사람들을 반박하기 위해서 이렇게 간략하게 기록했습니다. 제자여, 당신은 세례 때에 받은 성령이 당신 안에 거하며 당신을 결코 떠나지 않는다고 믿습니까? 그의 임재를 생각할 때 당신은 경성하게 될 것이며, 죄의 욕망이 당신의 생각에 스며들어 범죄하지 못하도록 그것으로부터 당신을 떠나게 할 것입니다. 잠이 몰려오면 즉시 일어나고, 만일 무슨 과실이 있다면 선지자로 하여금 사단아 여호와가 너를 책망하노라(슥 3: 2)라고 말하게 하신 주님께 기도하며 서둘러 자신을 바로 잡으십시오. 우리를 의롭다 하시는 분 즉, 우리의 생명을 보존하기 위하여 주님께서 우리에게 영원히 주신 성령이 우리 가까이에 계십니다. 성부와 성자와 성령을 지금부터 영원토록 찬양하십시오. 아멘.

기도에 대하여 I

　기도하는 사람은 자기의 마음을 입에, 정신을 입술에 담아 드려야 합니다. 만일 무릎을 꿇고 손을 들고 기도하면서도 마음이 몽롱한 상태에 있다면, 그는 마치 폭풍우로 말미암아 늘어지고 쓰러진 삼목과 같습니다. 입술로는 열심히 무엇인가를 말하지만 마음이 수도원 밖에 가 있다면, 그것은 바람 때문에 아무도 닫을 수 없는 문과 같습니다.
　기도하는 사람에게는 지각있는 열정이 필요합니다. 양심의 가책으로 인한 눈물 역시 유익합니다. 또한 집중된 마음이 필요합니다. 만일 친구에게 앙심을 품고 있다면, 그것을 마음에서 씻어내야 합니다. 그리고 침묵 중에 입술을 움직이며 기도해야 합니다. 그리고 기도를 마친 후에는 계속 침묵하십시오. 공허한 말이나 거친 말로 자신을 주장하지 말고 계속 침묵하고 깨어 있어야 합니다. 그 때에 그의 기도는 기도와 순순한 생각을 받으시는 하나님께 열납될 것입니다.

기도에 대하여 II

하나님의 제자여! 하나님께 가치있는 순수한 기도는 복잡한 말로 하는 기도가 아닙니다. 하나님이 받으실 만한 기도는 이런 기도입니다. 사람이 세상에 흩어져 있는 자기의 마음을 하나로 모읍니다. 그리고 마음이 어떤 것에도 접촉되지 않게 합니다. 그리고 마음을 하나님의 처분에 전적으로 맡기고, 기도하는 동안 자기 자신과 자기가 서 있는 장소를 포함하여 물질적인 모든 것을 잊어 버립니다.

기도하는 자는 은밀히 하나님의 영의 인도를 받아야 하며, 기도 시간에 내적으로나 외적으로 하나님으로 옷 입고 그분에 대한 뜨거운 사랑으로 불타며 그분 안에 온전히 빨려 들어가 그와 온전히 하나가 되어야 합니다. 반면에 그 영혼은 하나님께 대한 놀라운 기억으로 가득 찬 생각과 함께 다윗이 "나의 영혼이 당신을 쫓았나이다"(시 63: 9)라고 했던 것처럼, 사랑 안에서 자기를 사랑하는 그 분을 찾아 나서야 합니다. 이러한 내적인 활동과 함께 하나님께 기도해야 합니다.

기도에 대하여 III

　영혼의 힘은 계속적인 기도를 통하여 옵니다. 이것은 정신에게 하나님으로부터 오는 능력을 옷 입힙니다. 사람은 마음이 혼란한 생각들로부터 벗어나 집중될 때까지 성경을 읽어야 합니다. 내적으로 마음이 집중되었음을 인식할 수 있을 때, 성경을 내려놓고 기도해야 합니다. 이렇게 성경을 읽는 것은 기도에 유익할 것이고, 금식은 순수한 기도에 유익하고, 그리고 모든 부에 대한 생각을 버리는 것은 기도에 유익할 것입니다. 즉, 기도를 통하여 하나님과 교제하기 위하여 먼저 갖추어야 할 것을 마음으로 갖추십시오.

　우리 안에 거하시는 성령이 하나님과 교통하게 하려는 것이 모든 금욕적 노력의 목적이며, 의에 이르는 마지막 길입니다. 이것이 가브리엘 천사와 미가엘 천사가 하는 사역입니다.4) 기도는 몇몇 구절로 이루어진 찬송이나 노래, 그리고 성가가 아닙니다. 이러한 것들은 단지 권위적인 기도인 읽는 기도 형식에 사용되는 문자와 음절에 불과할 뿐입니다. 우리가 우리 안에 속사람(시 63: 9)이 살아 있음을 알 때까지는 세례 때에 얻은 그리스도께서 십자가에서 죽음에 이르게 한 옛사람(엡 4: 22: 골 3: 9)과의 싸움이 우리 안에서 그치지 않을 것입니다.

BABAI

제7장
바바이

　이 글이 담겨 있는 4개의 중세 시리아 정교회의 사본에 붙여진 제목은, 이 저서의 저자로서 '악한 바르사우마에 의해 살해된 바바이"가 바보웨이(Baboway)로 더 잘 알려진 셀류시아-크테시폰(Seleucia-Ctesiphon) 감독과 동일인임을 보여 준다. 셀류시아-크테시폰은 5세기 말 동방교회에서 몹수에스티아의 데오도렛의 가르침을 전파한 니스비스의 대주교 바르사우마의 선동으로 말미암아 484년 페르시아 왕 페로즈(Peroz)에 의해 처형되었다.
　그러나 이 글이 바바이의 것이라는 사실에는 명확하지 못한 점이 있다. 분명하게 말할 수 있는 것은 그 편지가 틀림없이 페르시아 기독교 상황에서 생겨난 것이라는 점이다. 이 편지의 내용을 보면 이 편지의 수신자인 시리아쿠스(Cyriacus)가 조로아스터교 귀족 가문으로부터 기독교로 개종했음을 보여 주기 때문이다. 6세기에 이러한 개종을 한다는 것은 흔한 일이 아니었고, 이런 점에서 볼 때 아마 이 편지(Letter to Cyriacus)는 6세기 후반보다는 초기에 속하는 글일 것이다. 따라서 전반적인 어조나 실제적인 권면에 있어서 8세기까지의 동방 시리아 수도원 전통의 글에서보다는 아파메니아의 『헤시키우스에게 보내는 편지』와 매우 유사며, 실제로 편지의 여기저기에 그의 어투가 스며 있음을 볼 수 있다.
　이 글의 저자는 확실히 동방교회의 유명한 신학자인 바바이와는

다른 바바이(Babai the Great, 628년 사망)이다. 이 글은 바바이와 동시대인이었던 니시비스의 바바이(Babai of Nisibis)가 수도원 생활에 대해서 썼으나 분실되었던 책과도 다른 것이다.

 이 글의 두드러진 특징은 예를 사용하고 있다는 점이다. 예를 들어 자신이 덕을 갖추고 있다고 여기고, 자신을 대단하게 생각하는 사람에 대하여 '그는 마치 당나귀를 타고서 영양(gazelle)를 쫓는 사람과 같아서 몸만 피곤할 뿐 그것을 잡을 수 없다'고 언급한다. 이상하게 시리아 문학에서 이러한 특별한 예와 상응하는 훌륭한 예는 극히 드물다. 어떤 면에서 이 작품은 고대 근동 지방의 지혜 문학의 후기 분파로 기록될 수 있다.

시리아쿠스에게 보낸 편지
(Letter to Cyriacus)

사악한 바르사우마에 의해 살해된 경건한 바바이의 이 편지는 시리아쿠스 사제에게 보낸 것으로서, 은거 생활과 온전하고 거룩한 포기의 삶에 대해서 쓴 글입니다. 그의 기도가 우리와 함께 하길 바랍니다.

1. 온전하고 완전한 행위는 천사에 의해서 행해지는 예배입니다. 이러한 행위를 위해서는 청결한 마음, 하나님께 대한 진정한 사랑, 생각의 단속, 그리스도에 대한 묵상, 끊임없는 기도, 불정한 생각에 대한 싸움으로 구성되는 금식, 육체와의 지속적인 싸움, 사치스런 음식에 대한 절제, 영혼의 안식, 진정한 즐거움, 말로 표현할 수 없는 기쁨, 덕스런 모습, 주어지는 모든 것에 대한 죽음, 유혹적인 모든 것에 대한 거절, 모든 염려를 버림, 모든 악으로부터의 도피, 사람들과의 대면을 삼감,[1] 밤낮으로 중단 없이 정진함, 세상적인 염려와 혼합되지 않은 경성된 마음, 절식, 부지런한 자들의 경기장, 자기를 죽이는 십자가 등이 요구됩니다.

2. 육체의 땀을 마시며, 영혼이 흘린 피로 성장하는 참회자여, 이런 것들이 없다면, 사람이 광야에서 생활함으로써 자기의 생활을 괴롭게 하는 것은 무익한 일입니다. 참회자여, 이것들은 빛의 딸들이며, 이것이 바로 이것들이 가져오는 결과입니다. 당신의 분별력을 사용하며, 숨 막히는 세상의 죽음을 가져오는 생활로부터 이탈하는 과정을 선택하십시오. 그리고 하나님께 가까이 나아가십시오. 즉 당신의 발걸음이 야곱으로부터 빛난 축복된 별에 이를 때까지, 당신의 친구인 복된 동방박사들처럼(마 2: 1-12) 베들레헴을 향하십시오. 당신에게는 동방박사들처럼 당신을 인도해 줄 실제의 별은 필요하지 않습니다. 왜냐하면 그 당시에는 길이나 도로도 없었지만, 지금은 많은 길과 도로와 쉼터가 있기 때문입니다.

3. 추가 권면: 덕의 길을 걸어갈 때 당신은 부모님의 집으로부터 떠나야 하며, 구원을 얻는 방법을 알아야 합니다. 왜냐하면 당신이 헛되게 하루하루를 보내는 동안 이 땅에서의 삶은 게으름으로 인해 사라지며, 일생 동안 알면서 태만히 써 버린 모든 것은 그들이 세상적인 먼지와 타락을 털어버리고 죽음의 잠에서 깨어날 때 심문을 받게 해 주기 때문입니다.

4. 그러므로 본성적인 연약함을 핑계로 삼지 말고, 육체의 정욕에 이끌려 방황하지 마십시오. 당신은 온 인류가 죄인이며 오직 하나님만이 의로우시며, 하나님께 가까이 있는 자는 그분의 은혜로 의로운 상태에 이르게 됨을 알아야 합니다.

이 점에 대하여 하나님께 온전히 헌신한 형제와 자매의 권면을 받아들이십시오. 당신을 게으름의 종노릇 하게 하는 것, 당신을 방해하는 모든 것을 제거하기 위해 힘써야 합니다. 내일을 기대하지 마십시오. 당신의 일은 오늘에 속한 것입니다. 우리의 시간은 단지 말을 위한 것이나, 부를 위한 것이나, 우리가 즐기고 있는 것을 자랑하기 위한 것이나, 게으른 휴식을 위한 것이 아니기 때문입니다. 그것은 행동을 위한 시간이요, 열매를 모으기 위한 시간이요, 회개를 위한 시간이요, 모든 사람이 마음을 다하여 그리스도께 간구해야 할 시간입니다.

5. 과거에 살았던 사람들에게 묻고, 이전 세대로부터 배우십시오. 공허한 나날을 보낼 때 지혜 있는 자가 어디 있습니까?[3)] 완벽한 화술로 인해 명성을 얻은 철학자와 수사학자들은 지금 어디에 있습니까? 왕관을 쓰고 있던 왕은 어디 있습니까? 혹은 힘과 능력으로 명성을 얻었던 사람이 어디 있는가를 생각하십시오. 이 세상에게 물어 보십시오. 그리하면 당신에게 가르쳐 줄 것입니다. 음부에게 물어 보십시오. 그리하면 어떤 영역도 지속되지 못한다는 것을 가르쳐 줄 것입니다. 부자와 부요한 자도 영원히 그 상태로 존재하지는 못합니다.

6. 당신이 이것을 깨닫는다면, 마지막 순간에 후회하지 않기 위해 깨어 자신의 영혼을 지킬 것입니다. 죽음의 공포 때문에 비굴하지 행하지 마십시오. 감춰진 고통이 당신에게 덫과 같이 덮치지 않도록 한 걸음 한 걸음을 주의하십시오. 당신을 구해줄 사람은 아무도 없을 것입니다. 시기를 놓친 후에는 후회해도 위로를 받을 수 없습니다. 왜냐하면 후회할 시간이 지나갔기 때문입니다. 뇌물로 매수할 수 없는 징세자가 문 앞에 서 있고, 땅은 흙에게 명령하기 때문입니

다. 당신이 남용했던 억압이 있지 않고 곧 당신에게 임할 것입니다.

7. 내 형제여, 만일 그때 당신이 금욕적인 생활을 선택한다면, 명성과 무관심에 매우 주의하십시오. 보상을 위하여 일하지 말며, 고용된 일꾼처럼 기대감을 갖고 연말을 기다리지 말고, 종처럼 저녁 시간에 깨어 있으십시오. 하나님의 사랑 이외에 어떤 것도 당신을 주장하지 못하게 하십시오. 당신은 하나님을 위하여 힘써야 합니다. 그렇지 않으면 당신이 당신 자신을 벗어 버리고 당신의 삶을 아무 이익도 없는 것에 보내는 목적이 무엇입니까? 당신은 마치 우물 입구에 나무판자를 놓고 한편으로는 물을 길어 다른 편에 그 물을 쏟아 붓는 사람과 같을 것입니다.

8. 분별없이 말하거나 행동하지 마십시오. 허영심에서 비롯된 행동을 하지 마십시오. 당신은 하나님의 집에 서 있으며, 당신이 섬기는 분은 바로 하나님이기 때문입니다. 만일 하나님이 당신의 회계 주임이라면 당신은 행복한 사람입니다. 왜냐하면 하나님은 그 풍성함 것을 가지고 당신에게 보상하실 것이기 때문입니다.

9. 형제여, 당신의 하루하루가 은밀한 손실로 낭비되지 않도록 조심하십시오. 당신의 삶이 열매 없이 지나가지 않게 하며, 당신이 하나님께 무익한 짐이 되지 않도록 당신의 일과 행동으로 인하여 당신을 돕고 있는 하나님, 혹은 천사를 슬프게 하지 마십시오. 당신의 삶이 하나님의 것이 되도록 힘쓰십시오. 그리하면 하나님은 귀중한 위탁물을 지킨 사람을 대하듯이 당신을 인해 기뻐할 것입니다. 왜냐하면 당신의 행동을 명령할 권한을 가지고 있는 분은 바로 하나님이기 때문입니다.

10. 표면적인 일에 관심을 갖지 마십시오. 자칫하면 당신은 집에는 아무 것도 없으면서 옷만 화려하게 입은 사람처럼 될 것입니다. 당신은, 외적으로는 가난하게 보이나 집안에는 금과 보물을 가지고 있는 사람처럼, 내적인 것에 열심을 내야 합니다. 지혜로운 사람이라면 이렇게 행하는 것은 매우 쉬운 일입니다. 그러나 실제로 사람이 지혜로운 사람이 되는 것은 흔한 일이 아닙니다.

11. 하나님의 집에서 선한 일꾼이 되어라. 그리고 피곤함 때문에 당신의 육체를 아끼지 마십시오. 당신의 모든 일은 하나님의 통제 하에 있기 때문입니다. 온 마음을 다해 당신 자신을 하나님께 드리십시오. 하나님은 당신이 생각하는 것이나, 말하는 것이나, 행동하는 것이나 당신의 모든 것을 감찰하고 계심을 마음속에 깊이 새기십시오.

12. 종이 되는 동시에 어떤 것에도 얽매이지 않는 자유인이 되십시오.[4] 당신 자신을 멸시하며, 모욕적인 행동이 당신을 억누르지 못하게 하십시오. 그리고 당신 자신이 그런 행동과는 별 관계가 없다고 생각하며 그런 행동들을 가볍게 여기지 마십시오. 만일 당신이 작은 일을 행할 수 없다면 그것보다 큰 일을 할 수 있다는 확신을 가질 수 없을 것이기 때문입니다. 당신 스스로 수도원의 연장자들에게 자신이 존경스럽다고 주장하거나 자랑하지 마십시오. 그렇지 않으면 당신은 참된 존경의 때가 임할 때 당신은 존경을 받지 못하게 될 것입니다. 당신 집안보다 더 못한 처지에서 온 사람들에게 거만한 모습으로 행하지 마십시오. 이는 왕이든 미천한 자든, 부자든 가난한 자든지 다 똑같이 흙으로 된 인생들이기 때문입니다.

13. 질문을 받은 경우가 아니라면, 다른 사람들 앞에서 말하지 마십시오. 지식과 노동에 있어서 당신보다 못한 자들을 경시하지 말고,[5] 당신이 그들보다 더 낫다고 생각하지 마십시오. 이는 자기 자신을 특별한 존재로 여기지 않는 자가 복된 자이기 때문입니다. 그렇지 않으면 당신이 비천한 자임을 깨닫게 하기 위해서 당신에게 주어진 모든 은혜와 축복이 사라질 것이며, 당신은 부끄러움과 조롱을 받게 될 것입니다.

14. 만일 어떤 사람이 아무 것도 가진 것이 없으면서도 스스로 대단한 사람으로 생각한다면, 그는 어리석은 사람에 불과할 것입니다. 그는 마치 당나귀를 타고서 영양을 잡으려는 자와 같습니다. 그의 몸은 피곤하겠지만 영양은 잡지 못합니다. 이와 같이 자신을 자랑하며 과시하는 자는 아무 성장도 하지 않으면서 자신의 몸만 괴롭게 하는 자와 같습니다.

15. 형제여, 좋은 것을 도둑질하는 자가 당신의 것을 도둑질하지 않도록 조심하고, '내가 기독교인 된 것으로 충분하다'고 잘못 생각하지 않도록 주의하십시오. 생각 없는 사람만이 이렇게 생각할 것입니다. 이런 생각은 세례를 받기에도 충분치 못한 것입니다.[6] 사람은 창조주의 뜻을 따라서 생활하도록 힘써야 합니다.

어떤 사람이 시체를 만진 후 손을 씻고 나서, 다시 그 시체를 만진다면 그가 손을 씻는 것이 무슨 소용이 있겠습니까? 지각있는 친구여, 은혜가 당신 안에 역사하고 있습니다. 이는 당신이 종으로서 열심히 애쓰고 있을 때에 자유로 초대되어 하늘 왕의 종이 되었기 때문이다—단순한 종이 아니라, 그분의 비밀 안에서 섬기는 자요 후사입니다. 가라지가 되어 음부에 들어가는 것과 알곡이 되어 기쁨의 곡간에 들어가는 것 중 어느 편이 더 나은지를 나에게 말하십시오

16. 참회자여! 당신 안에 있는 은혜의 역사가 큰 만큼, 누구보다도 더 자주 당신의 삶을 하나님께 드리십시오. 하나님은 사람들을 필요로 하는 분이 아닙니다.

17. 추가적인 권면: 당신이 겸손의 길을 걸어 가면서 마음이 강팍해지거나 무너뜨린 것을 다시 세우면서 반복적인 회개를 하지 않도록 조심하십시오.[7] 사람이 무너뜨리고 다시 세운다는 것은 피곤한 일일 뿐입니다. 그것은 비록 몸은 힘들게 하지만, 사람의 눈에 보이는 성과는 없습니다.

18. 개방적이고 인내하는 마음, 그리고 많은 사람의 짐을 져줄 수 있는 온유한 자세를 가져야 합니다.

> "인자가 온 것은 섬김을 받으려 함이 아니요 도리어 섬기려 하고 자기 목숨을 많은 사람의 대속물로 주려 함이라"(마 20: 28; 막 10: 45)

보지 않으면서도 보며, 듣지 않으면서 듣기를 힘쓰십시오. 하나님을 경외하는 어른들을 존경하십시오. 그들을 사람이 아니라 우리 주님인듯이 존경하십시오. 이는 주님을 경외하는 사람을 존경하는 사라보다 위대한 사람은 없기 때문입니다.

19. 현명한 사람보다는 어리석은 사람을 당신의 적으로 삼으십시오. 세공인이 가짜 금은을 거부하듯이, 당신은 행동으로 어리석

은 자를 책망하며 당신의 겸손함으로 교만한 자를 책망하십시오. 긴 인생을 의지하지 말며, 마음으로 살아갈 많은 연수를 의존하지 마십시오. 이는 그 모든 시간이 당신에게 충분한 지혜를 가르쳐 줄 수 있는 날수와 연수가 아니기 때문입니다.

먼저 된 자로서 나중되고 나중된 자로서 먼저 될 자가 많으니라 (마 19: 30, 20: 16; 눅 13: 30).

땅은 하나요, 농부도 하나입니다. 씨도 하나요 저수지도 하나입니다. 그러나 열매는 다양하며 풍요합니다. 당신의 관심을 계속적인 기도와 시편 암송으로 영혼의 토양을 가꾸는 데 쏟으십시오. 당신의 영혼을 소홀히 하지 마십시오. 침묵 속에서 마음속 깊은 곳에 있는 부정한 생각을 억누르십시오. 이는 이러한 생각들이 습관적으로 당신의 마음을 불순하게 함으로써 순결과 거룩을 향한 성숙을 방해하기 때문이며, 특히 이것들은 겸손을 깨뜨리는 벽이 되기 때문입니다. 순수한 마음을 가지고 있는 사람에게 있어서 이것은 쇠에 낀 녹과 같으며, 이루어지고 있는 것을 분명하게 볼 수 없도록 영혼의 눈을 멀게 하는 것과 같습니다.

20. 참회자여! 만일 당신이 이러한 것들에 주의하며 이러한 것들을 연구하기 위해 노력한다면, 당신의 생활에 적지 않은 유익을 발견할 것입니다. 수도 생활을 통하여 당신의 전적인 자유 의지로 비천한 종이 되지 않는다면, 참회자다운 생활에 이를 수 없다는 것을 알게 될 것입니다. 더욱이 만약 당신이 하나님을 경외하며 수도 생활을 한다면, 당신이 구하고 있는 것뿐 아니라 당신이 미처 알지 못

했던 것도 받게 될 것이라는 사실을 알게 될 것입니다. 결국 당신은 내가 말하고 있는 것을 알게 될 것입니다. 만약 복 받은 야곱이 전력을 다해 라헬을 얻기 위해 일하지 않았다면, 레아조차 얻지 못했을 것입니다

21. 그러므로 당신 자신보다는 남에게 영적인 기쁨을 주기 위해 힘써 간구하십시오.

22. 독거 생활에 대해서: 하나님을 사랑하는 형제여! 당신이 독거 생활을 원하는지, 당신이 참회자가 되고자 하는지, 당신이 광야에서 조용한 삶을 기뻐하는지를 살피고 진정으로 하나님의 사람이 되도록 힘쓰십시오. 즉 다음과 같은 것에 힘쓰십시오. 모든 생각에 주의하여 하나님을 명상하며, 끊임없이 기도하고 정결한 마음을 소유하십시오. 양심을 유지하며, 사탄과의 싸움이 무엇을 의미하는지를 이해하고, 부끄러운 욕심을 분별하여 주의하십시오. 그리고 범죄하지 않도록 자신을 엄히 지키며, 영혼을 강하게 하십시오. 이것들 외에 성경 묵상과 시편 암송, 거룩한 일에 대한 명상에 힘쓰십시오.

23. 다음과 같은 일에도 힘쓰십시오. 즉, 영적 이해, 분별, 고난 가운데서의 인내, 한 장소에 계속 머무르는 안정성 등입니다. 요셉은 영적 이해를 통해서 탐욕을 물리칠 수 있었으며(창 39: 8-9), 아나냐와 그의 친구들은 분별력 때문에 바벨론 사람들과 박사들을 이길 수 있었고(단 3), 욥은 인내로 말미암아 승리할 수 있었습니다.

24. 더욱이 당신의 영혼이 여러 가지 지식을 구하지 않도록, 그리고 당신의 마음이 그것으로 인해 하나님을 묵상하는 일에 소홀하지 않도록 글쓰는 것에 대한 충동으로부터 벗어나십시오. 그렇지

않으면 당신의 일이 많아질 것이며, 당신의 주된 일을 상실하게 될 것입니다.

25. 필요한 경우 외에는 하루에 두 끼 식사를 하지 마십시오. 육체 뿐만 아니라 영혼이 병들지 않도록 과식을 피하십시오. 질병은 과식으로 기인하기 때문입니다. 과식하는 사람은 병에 걸리지만, 조심하는 사람은 장수할 것입니다. 그러나 음식 문제에 있어서 정결하게 되는 것은 모든 사람에게 주어진 능력은 아닙니다.

26. 여자들과 대화를 피하십시오. 부지중에 그들이 당신에게 영향을 미치거나, 알지 못하는 사이에 당신이 파멸되지 않도록 얼굴 표정에 주의하십시오. 만일 그렇지 않으면 당신은 자신의 베를 찢어서 옷을 꿰메는 사람이 되거나, 자신의 이익을 위해 만든 금속 도구를 사용하는 돌팔이 의사에게 수술을 받는 사람과 같을 것입니다. 그렇게 되면 결국은 자신도 알지 못하는 사이에 모든 피를 흘리고 말 것입니다. 혹은 어떤 사람이 독이 섞인 벌집을 받고 부지중에 그것을 먹어 죽은 사람과 같을 것입니다.

마찬가지로 여자와 교제하고 그들을 즐겨 만나는 사람은 알지 못하는 중에 영적으로 파멸합니다. 즉 그들의 영혼은 어두워지고, 그들의 육체의 내면이 더러워지며, 순결이 그들의 영혼을 다스리지 못하고 맙니다. 그들은 금으로 장식된 조각품 같지만 내면은 더러운 것으로 가득 차게 됩니다.

27. 내 말을 받아들이십시오. 이는 나의 말이 신실한 말이기 때문입니다. 사람이 불을 품에 안고야 어찌 그 옷이 타지 아니하겠으며 사람이 숯불을 밟고야 어찌 그 발이 데지 아니하겠습니까?(잠 6:

27-28)

28. 일상적인 것에서 벗어나는 일을 하지 말며, 수도원에서 많은 형제들과 함께 있는 한 특별한 생활 형태를 취하지 마십시오. 그렇지 않으면, 당신이 성장하고 있다고 상상할 때 사실 당신은 퇴보하고 있는 것이며, 그래서 당신은 곡식을 추수하고는 그것을 흩어버리는 사람이 되거나 혹은 나무를 심고 나서 뽑아 버리는 사람과 같이 될 것입니다.

29. 당신의 수고와 선행을 보시는 분은 사람이 아니라 하나님이시라는 사실을 확고히 하십시오. 당신의 선행이 동료에게 보여지는 순간, 그 선행은 더러워질 것입니다. 왜냐하면 사람에게는 선하게 보이는 길이지만 그 행로는 죽음의 길이기 때문입니다. 만약 당신이 자신의 선행을 사람에게 나타낸다면, 당신의 종교 생활은 열납되지 않을 것입니다.

30. 사람이 빵을 잔디에 숨겼다가 먹는 것은 쉬운 일입니다. 그러나 잔디를 빵 안에 숨기고 생활하는 것은 분별력이 있는 사람만이 할 수 있는 일입니다. 선행을 감추는 것이 좋습니다. 하나님만이 보시도록 행동하는 사람은 이미 많은 점수를 얻은 사람입니다.

31. 일(日)이 월(月)로 넘어가고, 월이 년(年)으로 넘어가지 않도록 과다한 일을 맡지 마십시오 할 수 있는 한 일 년에 한 번 이상 범죄하지 않도록 깨어 있으십시오. 이는 마을 일에 깊이 관련된 사람은 세상에 속한 사람이며, 왕 앞에 나아가서는 시선은 코끼리에게 두는 사람과 같기 때문입니다. 당신의 수실 안에 육을 돌보기보다는 영혼을 돌보기 위한 도구를 더 많이 가지고 있어야 합니다. 당

신이 외부적인 일에 깊이 관여하고 있다면, 영적인 성장은 불가능할 것입니다. 내일을 염려 하지 말고 오늘에 충실하십시오. 그렇지 않으면 생활의 무료함이 당신을 괴롭힐 것입니다. 한 장님이 죽어 가고 있을 때 어떤 사람이 물었습니다. '당신 몇 살이요?' 그 장님이 대답했습니다. '하룻밤 지냈소.' 참회자여! 이것을 항상 기억하십시오. 마음을 다하고 힘을 다하고 뜻을 다하여 하루 하루 충실히 살아 가십시오.

32. 쉬지 말고 기도하십시오 기도는 영혼의 빛이요, 육체를 지키는 역할을 하기 때문입니다. 서 있을 때 뿐만 아니라, 움직일 때나 일을 할 때, 심지어는 음식을 먹을 때나 잠 잘 때에도 기도하십시오. 당신의 입에 음식이 가득 찰 때, 당신의 마음에는 기도로 가득 채우십시오. 오른 손이 식탁에서 당신의 육적 필요를 채우고 있을 때, 마음으로는 당신에게 필요한 것을 공급하시는 분을 찬양하며 감사하십시오. 그렇게 하면, 당신의 음식은 걱정하지 않아도 당신의 몸 속에서 축복이 될 것이며 거룩하게 될 것입니다.

33. 욕망에 굴복하거나 실수 때문에 잘못된 길로 이끌리지 않도록 깨어 있으십시오. 사람들이 식사 시간에 육체를 기쁘게 하며 좋은 시간을 갖는 동안, 당신은 기도하며 영혼을 기쁘게 해야 합니다. 당신 앞에 놓인 음식이 많을수록 당신은 당신이 가지고 있는 모든 좋은 것의 공급자이신 그리스도께 영혼으로 찬양을 드려야 합니다.

34. 낮이든 밤이든 육체의 휴식이 필요할 때에는, 추수하다가도 저녁이 되면 일을 멈추는 사람들처럼 기도한 후에 누우십시오.

35. 사랑하는 자여, 만일 당신이 진지하게 기도하기를 원한다면,

당신을 유혹하는 많은 일에 관여하지 마십시오. 그리고 "무익한 종을 바깥 어두운 데로로 내어쫓으라"(마 25: 30)고 하신 말씀이 당신에게 적용되지 않도록, 어떤 구실로도 성무일과를 등한히 하지 마십시오. 또한 많은 활동에 얽매이지 마십시오. 그것은 당신의 영혼을 부패하게 하며 육체를 병들게 할 뿐입니다.

36. 감당할 수 없는 일을 벌이지 마십시오.[8] 그렇지 않으면, 당신은 당신이 있는 곳에서 떠나야 할 것이며, 자기 힘으로 할 수 있는 일인 병아리 날개 운반하는 것을 포기하고, 대들보를 옮기려다가 넘어져 웃음거리가 된 사람과 같을 것입니다.

37. 더 큰 이익을 위하여 가까이에 있는 이익을 포기하지 마십시오. 만일 당신이 가까이에 있는 작은 이익을 방치한다면, 더 큰 이익을 얻을 수 없으며 결국 둘 다 잃을 것입니다. 또 당신은 아들을 어깨에 메고 강을 건너던 중 물에서 헤엄치는 고기를 보고서 아들에게 고기를 잡으라고 하여 결국 자식도 잃고 고기도 잡지 못한 어리석은 사람처럼 될 것입니다.

38. 지혜로운 사람이 생존하는 것은 쉬워도, 모든 사람이 지혜로운 사람이 될 수는 없습니다.

39. 쉬고 있을 때 임하는 육체적인 충동에 주의하고, 악한 생각이 당신의 마음에 자리잡지 못하게 하십시오. 마음이 옳지 못한 것을 핑계로 삼아 육체적인 생각을 즐기게 하지 말고, 당신 스스로 그러한 생각을 용납하지 마십시오. 그렇지 않으면 당신은 모든 것을 감찰하시는 주님 앞에서 간음자로 간주될 것입니다. 왜냐하면 주님은 모든 지각에 뛰어나신 분이시며, 만일 당신이 그런 일을 무심코 지

나쳐 버린다면 그런 생각은 행동을 수반할 것이기 때문입니다.

그러므로 그와 같은 생각을 당신 안에서 몰아내고, 그것으로 인한 어떤 쾌락도 마음 중심에 거하지 못하게 하십시오. 오히려 당신 마음을 시편 암송과 기도, 그리고 하나님께 대한 생각으로 가득 채우십시오. 당신이 잠 못 이룰 때에는 언제든지 잠자리에 들면서 마음속으로 이것들 중 어느 것이라도 묵상하십시오. 이렇게 하며 당신의 영혼으로 밤을 보내게 한다면, 악한 영은 당신의 잠을 방해하지 않을 것이며 더러운 꿈으로 당신을 오도하지도 않을 것입니다.

40. 왕이 살고 있는 궁궐에 거지가 들어올 수 없듯이, 당신이 마음속으로 시편 암송과 계속적인 기도를 드린다면 악한 영은 당신을 감히 공격할 수 없을 것입니다.

41. 죄나 혹은 다른 것으로 부끄러움을 당했다고 해서 혼자 있으려 하지 마십시오. 그러나 하나님 앞에 홀로 있기 위해서라면 혼자가 되십시오. 왜냐하면 사람이 육체적으로 혼자 있는 것은 쉬운 일이지만, 홀로 있으면서 마음을 집중하는 것은 쉬운 일이 아니기 때문입니다. 당신이 혼자 있을 때 집중력을 잃지 않도록 힘쓰십시오. 그렇지 않으면 당신의 양심이 당신의 태만을 비난할 것입니다.

42. 코로 숨을 쉬는 것보다 더 자연스럽게 하나님께 대한 생각이 당신의 마음속을 감돌게 하십시오.[9] 그리고 그때 잘못된 것이 당신을 지배하지 못하도록 주의하십시오. 유익한 것이든 유익한 것이 아니든 하나님 중심이 아닌 모든 회상과 생각은 몰아내야 합니다. 그러므로 당신의 마음으로 오직 하나님만 주시하십시오. 만일 당신의 마음이 하나님께 대한 생각에서 떠나 버린다면 당신은 생명의

한 부분을 가지고 있다고도 생각지 마십시오. 그러나 당신의 생각이 하나님께 집중되어 있다면 당신의 생명 또한 하나님과 하나님의 은혜에 대한 생각으로 어우러질 것입니다.

43. 하나님은 당신을 위한 생각을 가지고 계십니다. 그러므로 당신의 모든 일이 잘 되기를 원한다면, 당신 자신을 의지하지 마십시오. 사람은 저녁에 잠자리에 들고 아침에 일찍 일어나야 하는 동안에는 긴장감을 가지고 생활해야 합니다.

44. 적에게 당신의 재산을 보이지 마십시오. 자칫하면 그가 당신의 재산을 탈취하고, 당신을 억압할 것입니다. 자신의 부를 적에게 보이는 것은 어리석게 싸움을 거는 것입니다.

45. 당신의 육체 이외에 세상에 있는 어떤 것도 잃지 않도록 하십시오. 세상에서 당신과 함께 하지 않은 모든 것으로부터 당신 영혼을 분리시키십시오. 세상에서 당신에게 동요를 일으키는 모든 것을 대적하여 주의를 기울여 마음을 지키십시오.

46. 여행를 위해서, 다른 나라나 다른 곳을 다니기 위해서, 사악한 생활을 위해서, 이집 저집을 떠돌아 다니기 위해서 어떤 핑계도 대지 마십시오. 자기 집에 머물지 않는 사람은 자기 자녀들에게 구설수를 남기게 됩니다. 가시 끝에 앉아 있는 새와 같이 되지 마십시오.

47. 당신을 찾아오는 모든 사람을 영접하십시오. 반드시 필요할 때를 제외하고는 갑작스레 수도원을 떠나지 마십시오. 왜냐하면 방황하기를 좋아하는 참회자는 가시를 가지고 자기 눈을 찌르는 사람과 다를 바가 없기 때문입니다. 만일 어떤 사람이 짐을 운반하면서

날아가는 새를 사냥하며 바람과 폭풍을 쫓아가려 한다면, 그는 가난과 궁핍을 피할 수 없을 것입니다. 방황하는 참회자의 경우도 마찬가지입니다. 그가 하나님의 일에 있어서 성장한다는 것은 거의 불가능한 것입니다. 그리고 싸움에서 올무에 걸린 사람이 스스로 그 죽음의 자리에서 벗어날 수 없는 것처럼, 하루는 머물고 다음날에는 떠나 버리는 참회자 역시 악한 존재의 속박에서 벗어날 수 없습니다.

48. 참회하기를 힘쓰십시오. 그리하면 당신은 안정된 생활을 해치는 모든 것으로부터 구원을 받을 것입니다.

49. 만일 당신 영혼이 통회함에 의해 견고히 유지되고 있다면 어떤 것도 당신 영혼을 세상에서 방황하게 하지 못할 것입니다. 과연 누가 외아들을 잃은 과부를 설득하여 음악에 관심을 갖게 할 수 있겠습니까? 그것은 하나님의 사랑과 회개 안에서 결합된 영혼을 통해서 가능하며, 방랑하는 생활을 통해서 기쁨을 얻는다는 것은 불가능합니다.

50. 참회자가 되어 살아가기는 쉬워도, 참회자가 되는 사람은 극소수에 불과합니다.

51. 세상에서 부유한 사람을 따라다니지 말며, 가문이 좋은 여자와 대화하여 기쁨을 구하려 하지 마십시오. 그렇지 않으면 당신 마음이 당신에게 올무가 될 것이며, 당신은 스스로 매우 큰 혼란을 경험하게 될 것입니다. 그들과 대화하는 것은 육신적으로 달콤하고 즐거울지 모르나 영혼에는 해로운 것이며, 그들의 말을 듣는 것은 육신적으로는 실수의 근원이 되고 영혼에게는 타락이 됩니다. 가문이 좋은 여자와 함께 있기를 원하는 영혼은 타락을 벗어날 수 없습

니다.

52. 만일 부유한 사람이 당신에게 접근한다면, 그에게 거리를 두라. 그리고 온 힘을 다하여 가문이 좋은 여자와 대화하는 것을 피하십시오. 그들의 생각은 일단 걸려 들면 빠져 나올 수 없는 죽음의 덫이요, 그물입니다.

53. 사람은 주님의 말씀을 믿어야 합니다. 개가 서류철을 핥아도 그것으로부터 아무 것도 얻을 수 없을 뿐 아니라 혀만 다치는 것처럼, 부유한 사람을 좋아하여 가문이 좋은 여자와 대화하기를 좋아하는 참회자는 그것으로부터 아무 유익도 얻을 수 없을 뿐 아니라 자기 영혼에 해를 입게 됩니다.

54. 영혼 구원에 힘쓰십시오. 즉 영혼을 육체에 복종시키지 말고, 육체를 영혼에 복종시키십시오. 그러면 당신의 신앙적 몸부림은 무익하지 않을 것입니다.

55. 당신은 날카로운 칼 끝 위를 걷고 있다는 것, 양쪽에 협곡이 있는 벼랑 끝에 앉아 있다는 것을 알아야 합니다. 여기에 있는 세상적인 일로 말미암아 당신의 생각이 혼란되지 않도록 하고, 오히려 당신의 마음으로 위에 있는 예루살렘을 응시하십시오. 땅에 것을 생각하지 말고 위엣 것을 생각하십시오. 이 세상에 속한 것에 관심을 기울이지 마십시오. 당신의 시선을 어떤 사람의 얼굴에 고정시키지 마십시오. 그리고 목적 없이 말하지 마십시오. 무익하고 헛된 대화를 피하고, 마음속으로 다른 사람에 대해 불평하지 마십시오. 왜냐하면 그들은 당신의 이웃이며, 그 불평은 당신 자신에게 되돌아올 수도 있기 때문입니다. 어떤 사람도 마음속으로 헐뜯지 말고,

이웃을 비난함으로써 당신의 혀를 불순하게 하지 마십시오. 사람의 행위에 대한 말을 하지 말아야 합니다.

56. 사랑하는 사람들이 말하는 파괴적인 중상의 소리를 듣지 마십시오. 가까이에 있는 사람들을 판단하지 말고, 멀리 있는 사람들을 정죄하지 마십시오. 중상과 비방에 관계된 참회자는 자신의 어깨 살을 먹는 사람보다 더 못한 사람입니다. 그것은 마치 돌을 들어 동료는 상하게 하지 못하고 자신의 머리를 치는 사람이나 혹은 자신의 살을 찢어 먹는 사람과 같습니다. 이런 사람은 중상과 비난에 빠진 고해자입니다. 그가 해를 입히는 것은 자기 동료가 아니라, 자신의 영혼입니다.

57. 어떤 사람이 수도적 생활 습관을 취하여 스스로 참회자라고 여기며 방랑 생활을 한다면, 그의 삶은 무익한 것으로 드러날 것이며, 그는 자기 마음에서 하나님께 대한 생각이 사라지게 될 것입니다. 그는 모든 것을 보고 계시는 하나님으로부터 자기 마음을 빼앗을 것이며, 한 장소에서 떠나 다른 장소에 머물 것입니다. 그는 한 사람과만 대화하고 다른 사람과는 대화하지 않을 것이며, 한 가지 일을 말한 후에 또 다른 일을 말할 것입니다. 그는 한 사람을 중상하고 다른 사람을 비난할 것이며, 자기 동료를 비웃고 자기 이웃을 조롱할 것입니다. 그는 한 가지 방식으로 행동하고 나서 다른 방식으로 행동할 것이며, 사람 앞에서는 이것을 말하고 그 뒤에서는 다른 것을 말할 것입니다. 그는 적에게 혀를 내밀며 자기 탐욕의 종이 될 것이며, 자기 몸을 멋있게 치장하여 여자와 이야기하는 데 탐익할 것입니다. 그리고 공허한 것을 끊임없이 말할 것입니다.

이런 사람은 자기 영혼을 기만하는 사람이며, 예레미야의 모든 탄식으로도 그의 상태를 설명하기에 충분치 않을 것입니다. 그는 이 세상과 이 세상의 기쁨에 등을 돌린 반면, 다른 것을 전적으로 포기하지 않았기 때문에 그의 느슨함으로 인해 종교적인 일에 부지런한 사람을 위해서 예비된 기쁨을 잃게 됩니다.

58. 얼마나 비참한 운명이 그에게 다가오겠습니까? 그는 이 세상의 기쁨을 떠났지만 새로운 세상에서 그에게 예비된 기쁨을 얻기 위해 분투하지 못했습니다. 누가 신의 도성을 향해 자기 부모의 집을 떠난 이 사람을 위해 비통하게 눈물을 흘리지 않을 수 있겠습니까? 그는 여행을 시작했지만 그것은 어렵고 힘든 것이었기에 마침내는 게으름과 무력함으로 끝나고 말았습니다. 그는 부모의 집을 떠났지만 신의 도성에는 이르지 못했습니다. 그는 계속 여행을 할 수 없었기 때문에 마을과 동네를 방황했습니다.

59. 자기 비움(Self-emptying)[10]에 대하여 : 사랑하는 자여, 당신은 당신 자신을 위해서 자기 비움을 선택했습니다. 당신이 이 세상에 남겨 놓은 기쁨을 회상해 보고 당신이 부모의 집을 떠났다는 사실 혹은 당신을 사랑하는 사람을 떠났다는 슬픔과 아픔을 잊지 마십시오. 당신의 영혼이 기대하는 것, 즉 정직한 자와 진실하게 그리스도를 주로 고백하며, 그 고백대로 성실하게 생활한 자들과 함께 당신을 위하여 하늘의 예루살렘(히 12: 22)에 예비된 곳에 이를 수 있도록 당신의 영혼을 자극하여 열심히 여행하게 하십시오.

60. 그러므로 당신의 눈으로 잠들게 하지 말며 눈꺼풀로 감기게 하지 마십시오 이 빈곤한 세상에서 열심히 그리스도를 구하며, 그

에 대한 사랑을 세상에 보이는 것으로 대신 하지 마십시오. 그리스도와 함께 다른 것들을 구하지 마십시오. 만일 당신이 이 땅에서 다른 것을 구한다면 진정한 수치와 영광의 그 날에 사람들에게 왕관을 씌워 줄 그리스도께 승리자의 왕관을 받을 것이라는 확신을 갖지 못할 것입니다.

61. 당신의 생활이 그리스도 안에 있도록 힘쓰십시오. 당신에게 쾌락을 주는 이 세상에 물들지 않도록 하십시오. 이는 당신이 그것에 빠지게 되면 육신을 즐겁게 하는 것보다 영혼에 더 큰 해가 된다는 것을 여러 차례에 걸쳐 알게 될 것이며, 그 올무에 걸려든 사람은 결코 자기 힘으로는 빠져 나올 수 없기 때문입니다. 왜냐하면 그 올무는 죽음의 올무이며, 그들은 당신을 스올의 방으로 끌고 갈 것이기 때문입니다. 그러므로 그들을 피하십시오. 그렇지 않으면 자기도 모르는 사이에 조금씩 조금씩 그들에게 걸려 들어가게 될 것이며, 당신이 주위를 살펴 보아도 아무도 건져 줄 사람이 없을 것입니다. 이것은 마치 어떤 사람이 적으로부터 날카로운 칼을 싼 비단옷을 받고 그 안에 칼이 있음을 알지 못하다가 자기 손이 베임을 당하고 나서야 그것을 알게 된 것과 마찬가지입니다.

이 세상의 함정은 모든 악한 모략을 세우는 데 있어서 매우 교활한 존재에 의해 다양한 책략으로 만들어지기 때문에 사람은 그것에 걸려들고 나서야 그것을 깨닫습니다. 그들은 육신의 눈으로는 보이지 않기 때문에 우리는 그들을 피해야 합니다. 그리고 그들의 계략은 어둠의 정사와 권세자들과 하늘 아래에 있는 악한 영들에 의해서 이루어집니다. 그리스도의 긍휼을 덧입지 않고는 그들로부터 피할 길이 없습니다.

62. 당신은 자신을 그리스도께 붙어 있도록 해준 사람을 분별하여 그에게 마음과 힘과 뜻을 다해 도움을 구하십시오(마 22: 37). 그의 명령을 대수롭지 않게 대하지 말고, 그의 명령이 당신의 도움이 될 수 있도록 긍휼을 구하십시오.

63. 헛되고 무익한 이야기를 하지 말고, 스스로 조심하여 자신의 생활을 게으름에 방치한 사람들과 함께 하지 않도록 하십시오. 마음속에 악을 품은 채 동료와 평화로이 말하는 자들, 형제를 거슬려 말하는 자들, 사람 앞에서는 이것을 말하고 뒤에서는 다른 것을 말하는 자들, 친한 체하며 자신의 증오를 감추고 있는 자들, 나쁜 기질과 강퍅한 마음을 가지고 있는 자들, 농담과 어리석은 말로 사람을 웃기는 자들, 자신의 잘못을 그대로 방치해 두면서 자기 동료들의 사소한 잘못은 용납하지 못하는 자들—즉 이들은 자기 눈에 있는 들보는 보지 못하는 자들이며(마 7: 3-5; 눅 6: 41-42), 겉으로는 우정을 보이지만 마음속으로는 싫어하는 자들입니다—이집 저집 돌아다니면서 자매들과 가문이 좋은 여자들과 이야기하는 자들, 또한 이런 류의 사람을 부추기는 자들과 사귀지 마십시오.

64. 멀리서 이런 사람들을 분별하고, 그들의 행동을 통하여 그들을 파악하십시오. 물은 물통의 뚜껑을 통하여 맛을 볼 수 있듯이 사람의 외모는 그들의 행동을 반영할 것이기 때문입니다.

65. 시리아쿠스여, 이런 사람들을 피하고 그들이 말로 당신을 사로잡거나 당신의 삶을 올무에 걸지 못하도록 조심하십시오.

66. 당신이 가까이 해야 할 사람은 다음과 같은 사람입니다. 즉 자신을 우리 주님께 온전히 헌신하여 축복받은 거룩한 사람입니다.

종교 생활을 통하여 성숙한 사람을 이웃으로 삼고, 그들에게서 충고를 구하며, 그들을 가까이 하고 사랑하십시오. 만일 당신이 그들과 함께 생활한다면, 당신은 그들의 생활 형태를 모방하여 그들과 같이 될 것입니다. 당신은 진주 목걸이에 섞인 콩처럼 되지 않도록 당신의 행동이 그들의 행동과 동떨어지지 않도록 하십시오.

67. 만일 당신이 이와 같은 일에 마음을 다하여 행동으로 깊은 주의를 기울인다면, 당신 안에 있는 모든 검은 것은 하나님을 사랑하는 자와 함께 있음으로 인해 하얗게 될 것입니다. 계속 성장하도록 구하고 찾으십시오(마 7: 7). 그리하면 당신은 진리 안에서 복될 것이며, 당신의 영혼은 강건해질 것입니다.

68. 그러나 당신이 그들을 말과 표면적으로만 사랑한다면, 당신은 풀과 묘목과 나무도 없는 정원에 있는 한 줌의 흙과 같은 존재가 될 것입니다.

69. 하나님을 사랑하는 자여, 이 모든 것은 당신의 경건생활을 위하여 제시한 것입니다. 그 나머지는 그 모든 것을 행동에 옮겨야 하는 당신의 분별력에 달려 있습니다. 그러므로 이 편지를 주의깊게 읽으며, 거룩한 그릇을 노새가 운반한다고 하여 그릇 자체를 소홀히 하지 마십시오. 무엇이든지 부족한 것이 있으면 지식을 위해 준비된 그곳에서 채우십시오.

70. 영적인 빈곤 속에서 유랑하는 당신의 삶을 그리스도께서 지키시며, 당신의 영혼을 부정한 습관에서 건지시고, 당신을 장차 세상에 임할 슬픔으로부터 자기의 날개 아래 보호하시기를 원합니다(시 17: 8). 그리스도의 평화와 평강이 당신과 함께 하기를 바랍니

다. 아멘. 내는 기도할 때마다 이처럼 당신을 기억할 것입니다.

71. 사랑하는 자여, 나는 이 편지를 당연한 것으로서 쓴 것이 아니라, 당신이 지금 순례하고 있는 길을 깨닫고 이해하게 하기 위해 썼습니다. 이는 사람들이 자기의 지나온 과거는 알지만 자기 앞에 있는 미래는 무한한 것이기에 알지 못하기 때문입니다. 그러나 주님께 간구하는 자들에게는 매일 아침 저녁으로 충분합니다. 그들의 길은 길게 펼쳐 있지만, 그들이 그 길을 따라 순례할 때는 바로 가까이에 있습니다. 그들은 피곤함에도 기뻐하고 평안으로 어쩔 줄 모릅니다. 그들의 영혼은 자기가 가진 것 속에서 기쁨을 발견하며, 다른 사람들이 사랑하는 것들에게서는 싫증을 느낍니다. 그들의 마음은 자유로우며, 당신은 그들의 깊은 생각의 중량을 전달할 수 없을 것입니다.

72. 자기 발로 진리의 길을 걷고, 악한 길을 증오하고, 담대하게 순례의 길을 가며, 자기 영혼으로 하나님을 사랑하도록 하는 자는 복된 자입니다.

73. 나의 사랑하는 자여, 깨십시오. 깨어 일어나 회개하십시오. 이는 세상이 곧 지나갈 것이며 그 남는 것은 피곤함 뿐일 것이기 때문입니다. 즉 의의 태양이 빛을 발할 것입니다(말 4: 2). 그 안에서 밤과 낮의 과정은 쉼을 얻고, 그 안에서 아름다움을 갈망하는 영혼은 기쁨을 얻으며, 그 안에서 육체를 거슬려 육체를 억눌렀던 몸은 안식을 발견합니다. 그 안에서 의인은 높이 들림을 받으며, 그 안에서 영광의 왕관이 그들에게 씌워지며, 그 안에서 죄인은 자기들의 행위가 드러날 때 회개합니다.

74. 나의 사랑하는 자여, 하루 하루를 게으름으로 낭비하지 마십시오(눅 15: 13). 이는 어떤 사람도 심판의 날을 알지 못하기 때문입니다. 도둑이 언제 임할지 집 주인은 알지 못합니다(마 24: 43). 깨어 경성하는 자는 두려움을 피할 수 있을 것입니다. 주인이 올 때 깨어 준비하고 있는 종은 복이 있을 것입니다(마 24: 46).

75. 그러므로 일생동안 당신의 영혼을 기억하고 열심을 다해 당신의 영혼에 적합한 것을 공급하십시오. 선지자가 말한 것처럼 우리의 일생은 짧고 그 년수는 빨리 지나갑니다(시 109-8). 따라서 되는 대로 삶을 산다는 것은 분별있는 사람에게는 있을 수 없는 일입니다.

76. 당신의 영혼이 당신으로 하여금 여러 가지 일을 하지 못하도록 더욱 힘써 영혼을 지키십시오. 그리하면 당신이 세상적인 여러 일을 점검할 때 그런 일을 발견하지 못할 것입니다. 한 가지 일만 추구하십시오. 땅 위를 걷는 것은 아무나 할 수 있는 일이지만, 칼끝을 따라 걷는 것은 성숙한 영혼만이 할 수 있는 일입니다.

77. 당신은 이것을 알아야 합니다. 즉, 하나님 앞에서 찬양할 만하며 중요하며 영광스러운 것이 세 가지가 있습니다. 사람은 이것을 통하여 종교 생활의 정상에 올라 높임을 받을 수 있습니다. 이 세 가지는 분명하게 말할 수는 없지만, 그것을 기초로 하여 거룩한 복음의 명령에 순종함으로 주어지는 온전한 삶이라는 영광스런 왕관이 이루어지며, 그것으로 덕이라는 온전한 목걸이가 엮어집니다. 이것들은 율법 즉, 독신 생활이 규정하는 내용입니다.

78. 첫번째 것은 비교할 수 없는 것이요, 두번째 것은 매우 중요

한 가치가 있는 것이오, 세번째 것은 고귀한 것입니다. 그러나 이것은 셋이 아니라 하나이며, 또한 하나가 아니라 셋입니다. 첫번째 것은 일곱 가지의 유익을 줍니다. 즉 슬픔으로 정복될 수 없는 기쁨, 생각에 대한 조심성, 게으름이 방해할 수 없는 수고, 모든 기억의 망각, 모든 걱정의 근절, 모든 세상일에 대한 단절, 그리고 변함없이 하나님께 대한 관심을 갖는 마음 등입니다.

79. 두번째 것 또한 일곱 가지 유익을 주는데, 그것은 곧 모든 간사한 것과는 다른 사랑, 분노가 혼란시킬 수 없는 고요한 평화, 시기가 흥분시킬 수 없는 마음의 평정, 분노가 어지럽힐 수 없는 순결, 자신을 업신여기지 않는 마음, 더러운 꿈과는 거리가 먼 수면, 불행을 방지하는 경계 등입니다.

80. 세번째 것 또한 일곱 가지의 아름다운 유익을 주는데, 그것은 곧 사람들에게 중요하게 보이는 것으로부터의 탈피, 매력적인 모든 것의 거절, 시간이 손상시킬 수 없는 소망, 말로 표현할 수 없는 기쁨, 한 장소에서의 체류와 안정, 소량의 음식, 그리고 모든 사람을 감찰하시는 분의 임재에 대한 확신 등입니다. 사람은 자기 가까이에 있는 것에 시선을 고정시켜서는 안 됩니다.

81. 이와 같은 것을 구하며 찾기 위해 밤낮으로 뛰어 다니십시오. 이는 이런 것들은 머리로 배울 수 있는 것이 아니라, 수고하며 땀을 흘림으로써 얻을 수 있기 때문입니다. 이런 것들은 순식간에 흩어버릴 수 있지만, 이것이 없이는 참회자가 영적으로 성장할 수 없습니다.

82. 이 세 가지가 풍부하지 않은 사람은 첫번째 것에서 멀 뿐 아

니라 다른 두 가지 것에도 가깝지 않게 됩니다. 이런 것에 붙어 있지 않은 영혼은 여전히 세속적인 일에 참여하게 되며, 그 과정은 소리의 과정과 똑같은 식으로 끝나고 맙니다.

83. 하나님을 사랑하는 자여, 당신은 부름을 받은 선한 일을 따라 생활하십시오. 그리하면 우리는 하나님의 은혜와 그의 큰 긍휼로 인해 우리 형제들에게 가치있는 사람으로 여겨질 것입니다.

이렇게 바바이의 담화는 끝난다:

그의 기도가 거룩한 교회의 모든 자녀들을 구원하기를 바란다.

주

개론

1) 흔히 그들에게 "단성론자"라는 용어를 적용하는데, 이것은 잘못된 것이며, 반드시 피해야 한다. 이 교회들은 모두 유티케스(Eutyches)의 가르침을 배격했다. 유티케스의 단성론적 견해들은 칼케돈 회의에서 정죄되었다.

2) 그 밖의 동방 정교회로는 아르메니아 교회, 콥트 교회, 이디오피아 정교 등이 있다.

3) 이 교회를 네스트리우스교라고 부르는데, 이 명칭도 역시 잘못된 것이다.

4) 동방 의식 시리아 가톨릭과 갈대아 교회(로마 교회와 교제를 시작한 동방 교회와 시리아 정교회의 일파)도 칼케돈 공의회의 결정을 받아들였다.

5) 북아메리카의 마론 교도들이 이 시리아 전통의 중요성을 인식한다는 것이 *The Moronites: A Living Icon* Brooklyn NY, Diocese of St Moron, 1985에 표현되어 있다.

6) 전자의 영역본으로는 J. A. Emerton의 H. F. D. Sparks, ed., *The Apocryphal Old Testament*(Oxford, 1984) 683-731; J. H. Charlesworth, *The Odes of Solomon*(Missoula, 1977): 후자의 영역본으로는 A. F. J. Klijn, *The Acts of Thomas*(Leiden, 1962)가 있다.

7) R.M. Price, *Theodoret of Cyrrhus: A History of the Monks of Syria*, Cistercian Studies Series, 88; (1985)

8) Cf. H. J. W. Drijvers in S. Hackel, ed., *The Byzantin Saint*(London, 1981) 26-8, reprinted in his *East of Antioch*(London, 1894) ch. IV.

9) 나르사이의 성찬식 설교들은 성찬 의식 연구에 있어서 상당히 중요한 위치

를 차지한다. R. H. Connolly, *The Liturgical Homilies of Narsai* Tests and Studies 8/1. (1909)을 보라. *Sobornost/Eastern Churches Review* 3: 1(1981) 70-85에서는 모세의 베일에 대한 야곱의 유명한 설교를 발견할 수 있다.

10) E. W. Brooks in *Patrologia Orientalis* 17-19(1923-5); S. P. Brock and S. A. Harvey, *Holy Women of the Syrian Orient*(Berkeley, 1987), ch. 5.

11) E. A. W. Budge, *The Wit and Wisdom of the Christian Fathers of Egypt: The Syrian Version of the Apophthegmata Patrum by ᶜAnan Ishoᶜ of Beth Abbe*(Oxford, 1934).『안토니의 생애』의 초기 시리아 역본은 그 저서의 그리스 원본에 대한 흥미로운 문제들을 일으켰다. T. Barnes, 'Angel of Light or Mystic Initiate? The Problem of the Life of Anthony', *Journal of Theological Studies* 37(1986) 353-68을 보라.

12) 이것에 대한 훌륭한 연구가 A. Guillaumont in his *Les 'Kephalaia Gnostica' d'Évvagre le Pontique et l'histiore de l'origénisme chez les grecs et chez les syriens*(Paris, 1962)에서 주어진다.

13) Brock and Harvey, *Holy Women of the Syrian Orient*, ch.8.

14) 그들의 현존 증거는 레바논의 베카 평원에 있는 카메드(Kamed), 여리고 근처, 브엘세바 근처에서 나온 명문들에서 제공된다. 이삭의 저서들 중 제2부에 대해서는 이 책 제7장을 보라.

15) *Discourse* LXVII(tr. Wedsinck, p. 271); cf. my 'Secundus the Silent Philispher: some notes on the Syriac tradition', *Rheinches Museum für Phililigie* 121(1978) 94-100.

16) A. Vööbus, 'Important discoveries for the history of Syrian Mysticism: new Manuscript sources for Athanasius abu Ghalib', *Journal of Near Eastern Studies* 35(1976) 269-70.

17) bnay qyāmā에 관해서는, G. Nedungatt, 'The Covenanters of the early Syriac-speaking Church', *OCP* 39(1973) 191-215, 419-44를 보라.

18) 지혜서 10: 1. F. E. Morard, 'Monachos, moine: histoire du terme grec jusqu'au IVe siècle', *Freibuger Zeitschrift für Philosophie und Theologie* 20(1973) 332-411.

19) See my *The Holy Spirit in the Syrian Baptismal Tradition*, Syrian Churches Series, 9(Poona, 1979) 49-51.

20) 동일한 사상이 Theophilus of Antioch, *To Autolycus*, II. 27에 나타난다.

21) 에프렘의 신화(*theosis*)라는 셈족어 개념을 알려면, *The Luminous Eye:*

The Spiritual World Vision of St Ephrem(Rome, 1985) 123-8을 보라.

22) *Demonstration* VIII. 6: "대지는 잉태함 없이 그 동정성(童貞性)을 탄생시켰다."

23) *The Luminous Eye*, ch. 5와 'Clothing metaphors as a means of theological expression in Syriac tradition', in M. Schmidt, ed., *Typus, Symbol, Allegorie bei den östlichen Vätern und ihren Parallelen im Mittelalter*, Eichstätter Beiträge 5(1982) 11-40을 보라.

24) 신랑되신 그리스도에 관해서는 특히 마태복음 9: 15, 25: 10, 요한복음 3: 29을 보라. 이것은 초기 시리아 기독교에서 거듭 재현되는 주제이다. 나의 저서 *The Luminous Eye*, 제7장을 보라.

25) cf. S. Frank, *Angelikos Bios*(Münster, 1964)

26) *Sobornost/Eastern Churches Review* 4: 2(1982) 131-42에 실린 나의 글 The prayer of the heart in Syriac Tradition을 보라.

27) Origen, *On Prayer*, XX.2; Ambrose, *On the Sacraments*, VI.12-13.

28) *Sobornost/Eastern Churches Review* 1 : 2(1982) 50-59에 실린 나의 글 'Mary and the Eucharist: an oriental perspective'을 보라.

29) Ed. A. Mingana, *Early Christian Mystics*, Woodbrooke Studies 7,(1934) p. 58. *Discourse* XVIII에 기록된 니느웨의 이삭의 말과 비교하라.

30) 나의 글 *Maggnānūtā*: a technical term in East Syrian spirituality and its background을 보면 보다 상세한 것을 알 수 있다. 또 나의 글 Passover, Annunciation and Epiclesis. *Novum Testamentum* 24 (1982) 222-33도 보라.

31) 시리아 성경에서는 동일한 시리아 동사가 두 곳에서 사용된다.

32) Wensinck의 번역본 54장.

33) 베드로후서 3: 1에서는 *shafyā*가 정신을 언급한다. 그러나 베드로후서는 기원후 500년 이후에야 시리아어로 번역되었다. 왜냐하면 그것은 초기 시리아어권 교회에서는 신약 정경의 일부가 되지 못했었기 때문이다.

34) Letter 51, 1(PO 39, fasc. 3, p. 228).

35) 그 구절은 하르크레안이라고 알려진 시리아 신약 성서의 7세기 초 개정판에 등장한다.

36) *Hymns on the Church*,XXXVII; 나의 저서 *The Luminous Eye*,pp.52-60을 보라.

37) *Hymns on the Church*, XXIX. 9.

38) *Book of Steps*, X.4.

39) *Book of Steps*, XXII,5.

40) 에프렘은 낙원의 산을 '빛나는 언덕'이라고 불렀고(*Hymns on Paradise*, V. 5), 필록세누스는 아담의 원래의 *shafyūtā*라고 불렀다(*Discourse* IX. tr. Budge, p. 303). 유대의 아람어 *shafyūtā*가 창세기 3: 15절을 풀어 해석한 팔레스틴의 탈굼에서 종말론적 문맥을 취한다는 것을 발견하게 되는 것은 흥미로운 일이다.

41) 이것에 관해서는 특히, G. Bunge, 'Li lieu de limpidité: un apophthegme syriaque', *Irénikon* 55(1982) 7-18을 보라. atrā shafyā(luminous sphere)라는 용어는 이미 에프렘(*Hymns on Paradise*, XXXVII.7)과 아파메아의 요한(*Letters*, ed. Rignell, pp. 57-9)에서 사용되었다.

42) Mingana가 번역한 *Early Christian Mystics*, pp. 151-62의 On the prayer which comes to the mind in the sphere of limpidity를 보라.

43) *Discourse* LIII(p. 384)에 있는 the value of limpidity와 비교하라.

44) 이러한 특성과 관련해서는 이 책 제 2권 제4장을 보라.

45) '경이(wonder)'에 해당되는 시리아어로는 *tehrā*와 *temhā*가 있다. 이 두 단어는 에프렘과 아파메아의 요한의 저서에서 매우 중요한 단어이다.

46) Mingana, *Early Christian Mystics*, pp. 165-6(민가나는 *msarrqūtā*를 '완전한 포기라고 번역한다.

47) *Book of Steps* I.2.

48) 이것은 *Book of Steps* XXI.9에서 인용한 것이다.

49) 다시 말하자면, 인간과 하나님 사이의 관계를 말하는 신약 성서의 용어이다.

50) 불에 대해서는 나의 저서 *The Holy Spirit in the Syrian Baptismal Tradition*, pp. 11-14를 보라. 그리고 G. G. Blum, 'Vereinignung und Vermischung. Zwei Grundmotive christlich-orientalischer Myslike', *Oriens Christians* 63(1979) 41-60를 보라.

51) 에바그리우스의 영향력은 그의 제자 카시안의 저서를 통해 서방에 전해졌다는 것을 기억해야 할 것이다. 그리스 전통에서 보면, 그가 많은 후기 저술가들, 특히 증성자 막시무스에게 영향을 주었다고 한다.

52) Thomas à Kempis', *Imitation of Christ*, and John Bunyan's *Pilgrim's Progress*. 이 두 권의 책은 19세기에 현대 시리아어로 번역되었다.

53) Letter 4 in the Greek edition(Spetsieris, pp. 366-95); the Greek text is also to be found in a. Mai, *Nova Patrum Bibliotheca* 8(1871) pp. 157-87.
54) *De contemptu moudi*라는 제목을 지닌 몇몇 저서들의 라틴어 역본이 1506년 처음으로 출판되었다. 은둔자 데오판(Theophane the Recluse)은 이삭의 저서 중 일부를 러시아어로 출판하는 데 함께 했다. E. Kadloubovsky and G. E. H, Palmer, *Early Fathers from the Philokalia*(London, 1954) 181-280. 이삭의 영향력에 관해서는 I. hausherr, 'Dogme et spiritualite orientale', *RAM* 23(1947) 12-24, reprinted in his *Études de spiritualité* OCA 183(1969) 154-66을 보라.
55) Cf. O. Meinardus, 'Recent developments in Coptic monasticism', *Oriens Christianus* 49(1965) 75-89.
56) [Dana Miller], *The Ascetical Homilies of st Issac the Syrian*(Boston, 1984). 이삭을 비롯한 동방 시리아 신비가들은 이슬람교의 수피즘에 영향을 준 듯하다. cf. M. Molé, *Les mystiques musulmans*(Paris, 1965) Ch. 1

제1장 아프라하트

1) 시리아어로는 *shafyā*이다. 이 단어의 의미를 알려면 서론을 보라.
2) 아프라하트는 성경에서 예를 들기를 즐겨했다. 여기에서 그는 창 4: 4(아벨), 8: 20-22(노아), 상상 1-2장(한나), 창 18(사라), 수 12, 출 3: 2, 단 (8: 16), 출 14장, 수 4, 10: 12, 레 10: 2, 민 16: 35, 왕상 18: 38, 왕하 1: 10, 왕상 17: 1 단6, 단3, 욘 2 등을 언급한다.
3) 시리아 작가들이 흔히 사용하던 이 주석 전통에 대해서는 본장 서문을 참고로 하고, 보다 자세히 알려면 나의 글 'Jewish traditions in Syriac source', *Journal of Jewish Studies* 30(1979) 225-6을 보라. 아프라하트는 더 나아가 마노아와 아브라함의 제물에도 불이 내려왔다고 이야기 한다(그러나 이 두 경우에 불이 내려왔다는 이야기는 성경에 전혀 언급되지 않는다).
4) 창세기 26: 6-11에서는 이삭이 아비멜렉을 위해 기도했다는 내용이 없다. 아프라하트는 창세기 20: 17에 기록된바 아브라함이 아비멜렉을 위해 기도한 것을 혼동한 듯하다.
5) 초기 시리아 작가들의 경우에 백성(People)은 유대인을, 백성들(Peoples)은 이방인을 의미하는 것으로 사용했다.
6) 초기 시리아 전통에서 발견되는 톨마이(Tolmai)라는 이름은 가롯 유다 대신에 열두 제자 중의 하나가 된 인물의 이름이다. 헬라어 성경 사도행전 1: 26에는 맛디아라고 기록되어 있다.

198 시리아 교부들의 영성

7) 가브리엘이 기도를 받아 하나님께 전달한다는 사상은 다니엘 9: 21에 근거한 듯하다.
8) 성경의 이야기를 기분좋게 윤색한 이 이야기는 중세기의 히브리 저서인 *Josippon*과 비교할 만하다.
9) "기도의 전신갑주"라는 용어는 지혜서 18: 21에서 파생된 듯하다. 그것은 시리아 작가들이 흔히 사용했다.
10) 이 해석에 대해서는 Ephrem, *Hymns on Faith*, XX.6(p. 33)과 서론을 보라.
11) 요나를 엘리야와 엘리사 사이에 둔 것으로 보아, 요나가 엘리야가 기른 과부의 아들이라는 전승을 아프라하트가 알고 있었던 듯하다(왕상 17: 24).
12) 이것은 바빌로니아 탈무드(*Yabamot* 105b)에 기록된 바 랍비 Jose의 말과 거의 일치한다: '기도하는 사람은 반드시 눈을 내리깔아야 하며, 마음은 하늘을 향해야 한다.'
13) 이 비정경적 형태의 인용문에 대해서는 A. Resch, *Agrapha, Aussercanonische Schriftfragmente*, Texte und Untersuchungen 30,3/4(1906) 192를 보라.

제2장 에프렘

1) Robert Murray,*Catholoc Dictionary of Theology,* ed, J.H. Crehan(London, 1967) II: 222.
2) 에프렘의 기도와 신앙에 대해서는 E. Beck, 'Glaube und Gebet bei Ephrem', *Oriens Christianus 66*(1982) 15-50.
3) 이 해석을 Aphrahat, Demonstration IV.10(p. 14)와 비교해 보라.
4) 에프렘이 이처럼 자기의 시를 자기 비하적인 표현으로 끝낸 경우가 종종 있다. 그는 이러한 목적을 위해서 흔히 마태복음 15: 27의 "개들도 주인의 상에서 떨어지는 부스러기를 먹는다"는 표현을 사용했다.

제 3장 단계의 책

1) 빌립보서 2: 7에 기록된 자기비움(msarrqūtā)과 그 의미를 위해서는 총론을 보라.
2) 시리아어로는 *marahhef*로서 흔히 성령의 성화 사역을 지칭하는 데 사용된다. 창 1: 2에서는 이 단어가 원초의 수면 위로 운행하시는 하나님의 영의 행동을 지칭하기 위해 사용되었다. 나의 글 'The spiclesis in the

Antiochene baptismal ordines', *OCA* 197(1974) 208-9를 보라.

3) 머레이는 그 동사를 능동형으로 번역한다.

4) 시리아어 *mkahhen*은 kāhrā에서 파생된 동사이다. 이것은 제1부에서는 예수를 지칭하며, 제2부에서는 사도들을 지칭하는 데 사용되었다.

5) 도마 복음(*Gospel of Thomas*) 참조.

6) 이것은 유대교도를 언급한다고 주장되어 왔다.

7) 초기 시리아 기독교에서는 안식과 그리스도의 안식을 중요한 개념으로 간주했다. G. Winkler in *Le Muséon* 96(1983) 267-326을 보라.

제5장 아파메아의 요한

1) *Lexicon Syriacum auctore Hassano bar Bahule,* ed. R. Duval(Paris, 1888-1901) col. 1275.

2) 아마 요한은 에프렘의 *Hymns on Faith*, XIII.7이나 XXV.2를 반영하는 듯하다.

3) Aphrahat, *Domonstration* IV.13과 비교해 보라.

4) 요한은 예전적 형태를 인용하고 있는 바, '그것은 하늘'을 함축한다.

제6장 마북의 필록세누스

1) 교부들은 양자됨으로 말미암아 하나님의 자녀가 된 사람들, 즉 세례를 받은 사람들만이 하나님을 아버지라고 부를 수 있으며 주기도문을 사용할 수 있다고 가르쳤다.

2) 이것은 은둔자 테오판을 예상한 것이다. Cf. Spidlik, *La spiritualité de l'Orient Chretien*, OCA 206(1978), 33[ET, *The Spirituality of the Christian East*, CS 79,(1986) 32].

3) 여기에서 필록세누스는 성유물 숭배를 위한 흥미로운 이론적 근거를 제공한다.

4) 나트파르의 아브라함은 기도에 관한 아파메아의 요한의 짧은 원문을 인용한다.

제7장 바바이

1) John of Apamea, *Letter to Hesychius*, 32와 비교해 보라.

2) 페르시아의 기독교인들 사이에서는 동방박사에 관한 전설들이 널리 퍼져 있다. U. Monneret de Villar, *Le leggende orientali sui magi evangelici*, Studi e Testi 163(1952)

3) 이러한 일련의 수사학적인 질문들은 흔한 것이다. 바바이는 부분적으로 에 프렘의 것으로 간주되는 설교의 어법을 반영하고 있다.

4) 여기에서 바바이는 John of Apamea, *Letter to Hesychius*, 25를 반영한다.

5) 이것은 아마 John of Apamea, *Letter to Hesychius*, 14를 반영하는 듯하다.

6) 일반적으로 시리아 작가들 사이에서 '흔적'이란 세례를 언급한다.

7) 이것은 아마 John of Apamea, *Letter to Hesychius*, 7을 반영하는 듯하다.

8) 이것은 아마 John of Apamea, *Letter to Hesychius*, 22을 반영하는 듯하다.

9) Gregory of Nazianzus, *Oration* XXVII.4, quoted by Marthrus(section 60) 227과 비교하라.

10) 이 용어에 대해서 알려면 이 책의 총론을 보라.

참고문헌

개론

A. Baker, 'Early Syrian asceticism', *Downside Review* 88(1970) 393-409.

S. J. Beggiani, *Early Syrian Theology*(Lanham, 1983).

S. P. Brock, 'Early Syrian asceticism', *Numen* 20(1973) 1-19, reprinted in *Syriac Perspectives on Lat eAntiquity*(London, 1984) Ch. I.

____, 'World and Sacrament in the Writings of the Syrian Fathers', *sobornost* 6: 10(1974) 685-96.

____, 'The Prayer of the Heart in Syriac tradition', *Sobornost/Eastern Churches Review* 4: 2(1982) 131-42.

____, 'Syriac Spirituality', in E. J. Yarnold *et al.*, edd., *The study of Spirituality* (London, 1986) 199-215.

B. Colless, 'The Place of Syrian mysticism in Religious History', *Journal of Religious History* 5(1968) 1-5.

A. Guillaumont, *Aux origines du monachisme chŕetien*, Spiritualité orientale, 30(1979)

I. Hausherr, *Noms du Christ et voies d'oraison*, OCA 157(1960); English translation *The Name of Jesus*, CS 44(1978).

____, *Hesychasme et prière*, OCA 176(1966), Ch. 3, 4, 7, 8, 13, 15.

____, *Etudes de spiritualité orientale*, OCA 183(1969), Ch. 1, 7, 10, 11, 15.

R. Murray, *Symbols of Church and Kingdom, A Study in Early Syriac*

Tradition(Cambridge, 1975).

____, 'The features of the earliest Christian asceticism', in *Christian Spirituality: Essays in Honour of E. G. Rupp*(London, 1975) 65-77.

____, 'The characteristics of the earliest Syriac Christianity', in N. G. Garsoian, T. E. Mathews and R. W.Thomson, edd., *East of Byzantium: Syria and Armenia in the Formative Period*(Washington DC, 1982)3-16.

M. Smith, *Studies in Early Mysticism in the Near and Middle East*(London, 1931).

A. Vööbus, *History of Asceticism in the Syrian Orient,* I-II, CSCO 184 and 197, Subsidia 14 and 17(1958, 1960).

제1장 아프라하트

1) *Demonstration* IV, On Prayer, translated fom the edition by J. Parisot in *Patrologia Syriaca* 1(1894) cols. 137-82.

2) Ireneé e Hausherr in *DSpir* 1(1937) cols. 746-52와 Robert Murray, in a volume of *Aufstieg und Niedergang der römischen Welt*, ed. W. Haase and H. Temponini에 아프라하트에 관한 훌륭한 가르침들이 나타나 있다. *Demonstrations*의 영역본이 다음과 같은 책에서 발견된다: J. Gwynn, *A Select Library of Nicene and Post-Nicene Fathers* II.13(Oxford, 1898) with *Dem.* I, V, VI, VIII, XVII, XXI, XXII; J. Neusner, *Aphrahat and Judaism*(Leiden, 1971) with *Dem.* XI-XIX, XXI, XXIII

제2장 에프렘

A. 신앙에 관한 찬양(Hymns on Faith, XX)은 Dom F. Beck's edition, *Des heiligen Ephraem des Syrers Hymnen de Fide*, CSCO 154, Scr. Syri 73(1955)을 번역한 것이다. 아르메니아어 찬송 I은 L. Maries and C. Mercier, *Hymnes de saint Eprhem conservées en version arménienne*, PO 30, fasc. 1(1961)을 번역한 것이다.

B. 에프렘과 그의 저서에 대한 훌륭한 백과사전의 기사들이 있다: L. Leloir in *Dictionnaire d'Histoire et de Géographie Ecclésiastique* 15(1963) cols. 590-7; R. Murray in *Theologische Realenzyklopädie* 9(1982) pp. 755-62. 에프렘의 영성에 관한 개론은 S. P. Brock, *The Luminous Eye: The Spiritual World Vision of St. Ephrem,* Centre for Indian and Inter-Religious

Studies(Rome, 1985)와 그의 전기에서 발견할 수 있다. 또 P. Yousif, *L'Eucharistie ches S. Éphrem de Nisibe*, OCA 224, 1984도 참고하라. 에프렘이 지은 다른 찬송들의 영역본은 다음의 책들에 들어 있다: S. P. Block, *The Harp of the Spirit: 18 Poems of St Ephrem*, Supplements to Sobornost 4(2nd ed. London, 1983); *idem, St Ephrem, Hymns on Paradise*(Crestwood); K. Mcvey. *Eastern Churches Review and Sobornost*에 수록된 다른 찬송들의 번역본을 보려면, 나의 저서 *The Lumious Eye*를 보십시오. R. Murray가 번역한 Hylmns on Faith XX가 *Parole de L'Orient* 6/7(1975-6) 19-20에 수록되어 있다.

제3장 단계의 책

A. M. Kmosko's edition, *Patrologia syriaca* 3(1926) cols. 285-304 and 433-44.

B. A. Guillaumont in *DSpir* 9(1976) cols. 749-54, and his 'Situation et signification de *Liber Graduum* dans la spotitualité syriaque'., *OCA* 197(1974)332-22. R. Murray, *Symbols of Church and Kingdom* (Cambridge, 1975) 264-8.

제4장 에바그리우스

1) W. Frankenberg, *Evagrius Ponticus*, Abhandlungen der kgl. Gesellschaft der Wissenschaften zu Göttingen, phil.-hist. KI. NF XIII, 2(Berlin, 1912) 558-62에 *Admonition on Prayer*가 번역되어 있다. 나트파르의 아브라함의 저서에도 포함되어 있다.

2) 에바그리우스의 저서와 사상에 대한 탁월한 소개를 *DSpir* 4(1960) cols. 1731-44에서 발견할 수 있다. 그에 대한 보다 최근의 기사로는 A Guillaumont, in *Theologische Realenzyklopädie* 10(1982) 565-70이 있다. Guillaumont는 *Les 'Kephalaia Gnostica' d'Evagre le Pontique et l'histoire de l'Origénisme chez les grecs dt les syriens*(Paris, 1962)에서 시리아 작가들에게 미친 에바그리우스의 영향력에 대해 연구했다. 에바그리우스의 'Hundred Texts on Prayer'(그리스어 사본에서는 닐루스의 저서로 간주된다)의 영역본은 두 개가 있다: J. E. Bamberer, *Evagrius Ponticus, The Praktikos, Chapters on Prayer*, Cistercian Studies Series 4, (1970), and G. E. H. Palmer, Philip Sherrare and Kalistos Ware, *The Philokalia* (London/Boston, 1979), 1; 55-71. 귀중한 주석으로는 I. Hausherr, *Les Licons d'un Contepplatif: Le Traité de l'Oraison d'Évagre le Pontique*(Paris, 1960)이 있다.

제5장 아파메아의 요한

1) 아파메아의 요한의 저서에 대한 총론이 B. Bradley in *DSpir* 8(1974) cols. 764-74에 소개된다. 기도에 관한 요한의 단편의 영역본은 나의 글, 'John the Solitary, On Prayer', *Journal of Theological Studies ns* 30(1979) 84-101 에 실려 있고, *The Ascetical Homilies of St Issac the Syrian*(Boston, 1984) 466-8에서 재판되었다. 침묵에 대한 요한의 첫번째 'Tractate'의 영역본은 D. Miller in *The Ascetical Homilies of St Issac the Syrian*, 461-6에 실려 있다. 불어로 번역된 것으로는, I. Hausherr, *Jean la Solitaire. Dialogue sur l'âme et les passions de l'homme*, OCA 120(1939); R. Lavenant, *Jean d'Apamée. Dialogues et traités,* Sources chrétiennes 311(1984)이 있다. 독일어 역본으로는 L. G. Rignell, *Briefe von Johannes dem Einsiedler*(Lund, 1941), and *Drei Traktate von Johannes dem Einsiedler,* Lunds Universitets Årsskrift 54/4(1969).

일반적인 연구를 위한 중요한 저서는 다음과 같다: A. de Halleux, 'La christologie de Jean Lolitaire', *Le Muséon* 94(1981) 5-36, and 'Le Milieu historique de Jean le Solitaire', *OCA* 221(1983) 299-305; P. Harb, 'Doctrine spirituelle de Jean le Solitaire', *Parole de l'Orient* 2 (1971) 225-60; I. Hausherr, 'Un grand autuer spirituel retrouve: Jean d'Apamée', OCP 14(1948) 3-42 = *Études*, OCA 183(1969) 181-216; R. Lavenant, 'Le probleme de jean d'Apamée', *OCP* 46(1980) 367-90.

제6장 마북의 필록세누스

1) A. Tanghe, '*Memra* de Philoxène de Mabboug sur l'inhabitation de Saint Esprit', *Le Muséon* 73(1960) 39-71; British Library, Add. 14582, fol. 181b-182a, dated AD 815/16; P. Bettiolo, in *Le Muséon* 94(1981) 76-7.

2) 필록세누스의 생애와 저서들을 간단히 요약한 것으로는 R. Graffin in *DSpir* 12(1984) cols. 1392-7이 있다. 근본적인 저서로는 A. de Halleux, *Philoxène de Mabbog, sa vie, ses écrits, sa théologie*(Louvain, 1963)이 있다.

그의 기독론에 관해서는 R. C. Chesnut, *Three Monophysite Christologies* (Oxford, 1976) part II를 보라. 그의 영성에 관한 많은 기사들 중에서 다음과 같은 것들을 추천할 수 있다: I. hausherr, 'Contemplation et sainteté. Une remarkable mise as point par Philoxène de mabboug', *RAM* 14(1933), 171-95 = *Hésychasme et priére,* OCA 176 (1966). Chapter 4. P. Harb, 'Le role exercé par Philoxène de Mabbug sur l'évolution de la morale dans l'église syrienne', *Parole de l'Orient* 1(1970) 27-48; A. Grillmeirer, 'Die

Taufe Christi und die Taufe der Christen: zur Tauftheologie des Philoxenus von Mabbug und ihre Bedeutung für die christliche Spititualität', in *Fides Sacramenti, Sacramentum Fidei: Studies in Honour of P. Smulders*(Assen, 1981) 137-75.

제7장 바바이

S. Gero, *Barsauma of Nisibis and Persian Christianity in the Fifth Century*, CSCO 426, Subsidia 63; (1981) 97-109.